안녕하세요
과일대통령입니다

8평짜리 매장에서 월 1억씩 버는 과일 가게의 비밀
안녕하세요 과일대통령입니다

초판 1쇄 인쇄 2021년 1월 6일
초판 1쇄 발행 2021년 1월 12일

지은이 황의석

발행인 백유미 조영석
발행처 (주)라온아시아
주소 서울특별시 서초구 효령로 34길 4, 프린스효령빌딩 5F

등록 2016년 7월 5일 제 2016-000141호
전화 070-7600-8230 **팩스** 070-4754-2473

값 14,800원
ISBN 979-11-91283-08-2 (03190)

※ 라온북은 (주)라온아시아의 퍼스널 브랜드입니다.

8평짜리 매장에서 월 1억씩 버는 과일 가게의 비밀

안녕하세요
과일대통령입니다

황의석 지음

RAON
BOOK

| 프롤로그 |

"오늘 하루, 죽도록 최선을 다하자!"

밤 12시 즈음, 잠자리에 누울 때면 늘 반성을 한다.
오늘 죽지 않고 잠을 자려고 누운 것을 보니
최선을 다하지 못했나 보다. 그럼, 내일 '죽자!'

늘 가난했다. 기억을 하고 있는 어린 시절부터 지금까지 풍족함과 여유로움은 늘 남들이나 누리는 호사라고 여기며 살아왔다.

초등학교 3학년 때의 일로 기억한다. 생일이라 친구들과 놀고는 싶은데 돈이 없었다. 당시 어머니는 공사장에서 메지(벽돌과 벽돌 사이의 틈을 모르타르로 메우는 공정) 넣는 일을 하고 계셨다. 어머니가 일하시는 공사장으로 찾아갔다. 그리고는 친구들과 놀게 5,000원만 달라고 했더니, 어머니는 친구들과 떡볶이라도 사먹으라며 몸빼 바지에서 500원짜리 동전 하나를 꺼내주셨다.

서너 명의 친구들과 떡볶이를 사먹기에는 턱없이 부족한 돈이라 창피한 마음에 친구들과 어울리지도 못하고 도망치듯 집으로 돌아왔다. 아마도 그때 처음으로 돈을 많이 벌어야겠다고 다짐을 했던 것 같다.

고등학교 때는 일요일에 공사장에서 일당 3만 원짜리 잡부 아르바이트, 대학에 다닐 때는 숯불구이 고깃집 아르바이트, 형편 때문에 대학교를 중도에 그만두고는 식자재 배송 회사, 주류 배송 회사, 소 내장을 파는 정육점 직원, 육가공 공장의 돼지 정형(발골) 기사, 의료기기 회사 직원, 자동차 영업, 보험 영업, 대리운전 기사, 택배 기사 등등 무슨 일이든 해야만 했다.

적성에 맞는 일자리를 찾는다는 것은 허황된 꿈이었다. 오늘 벌지 않으면 내일을 살 수 있는 형편이 아니었다. 도저히 남의 밑에서 일하면서는 이 지긋지긋한 가난의 굴레를 벗어나기는 불가능할 것 같아 장사를 하겠다는 다짐을 하고 결심을 했지만, 밑천도 없는 상황에서 번듯한 장사를 한다는 것도 불가능했다.

그럼 이대로 포기할 것인가? 큰돈 없이 시작할 수 있는 장사는 없을까? 정말 열심히 하면 열심히 한 만큼은 벌 수 있는 장사는 없을까? 그런 장사를 찾다 보니 노점에서 과일 장사를 하면 되겠다고 생각을 하곤, 바로 택배 배송을 하던 1톤 화물차를 몰고 농수산물도매시장으로 향했다. 그렇게 4년, 이제는 대전에서 '과일대통령'이라고 하면 꽤나 잘나가는 과일 가게로 자리잡았다. 하루 매출의 80%가 전날 예약을 받는 시스템으로 과일 로스율 0%를 자랑하는 과일 가게가 되었다.

변변한 직장 없이 이 일 저 일 닥치는 대로 해야 했던 허송세월 같던 그 시간이 과일 장사를 하는 지금의 나에게 정말 큰 장사 밑천이 되어주었다. 자동차 영업을 하면서 담당했던 지역의 사장님들에게 하루도 거르지 않고 인사를 건네며 명함을 돌렸던 경험은 사람의 마음을 얻는 방법이 있다는 것을 가르쳐주었고, 사람의 마음을 얻으면 물건도 없는 보험 상품을 사면서 기꺼이 돈을 지불하는 사람이 있다는 것을 배웠다.

새벽에 나가는 택배 일이 새벽 도매시장에 나가는 어려움을 쉽게 만들어주었고, 남들은 한 달을 버티기 어려운 동네에서 6년간 택배를 하면서 기사 하기에 따라 즐겁게 일할 수 있는 일터가 된다는 사실을 깨달았다. 대리운전을 하면서 사용했던 아이디어는 손님을 가두어둘 수 있는 울타리를 치는 방법을 가르쳐주었다.

때때마다 내가 가리지 않고 해야 했던 일들은 할 수 없이 해야 하는 일이었지만, 나를 성장시켜주는 촉진제가 되어주었고, 바뀐 환경에 수긍하며 해야 할 일을 했던 것이 시시각각 변하는 시장의 상황을 슬기롭게 극복할 수 있는 방법들을 제시해주었다.

2017년 겨울, 하루 장사를 정리해야 하는 늦은 시간에 핸드폰이 울렸다.

"사장님, 과일 장사를 하고 싶은데 사장님에게 배울 수 있을까요?"

"저도 초보 장사꾼이라 가르쳐드릴 것이 없습니다. 제 가게 운영하기에도 벅찬 사람입니다."

"그래도 한 번만 만나주시면 안 될까요?"

"그럼 한 번 와 보세요. 제가 해드릴 수 있는 것이 있는지는 모르겠지만, 아는 만큼은 알려줄게요."

참 뜬금없는 전화였다. 이제 막 과일 장사를 시작한 지 1년 조금 넘은 초보 장사꾼에게 과일 장사를 배우겠다고 전화를 하는 사람은 도대체 뭐지? 그렇게 우연히 만난 막내 동생 같은 친구가 나의 가장 큰 라이벌이자 가장 든든한 장사 파트너가 되었다.

월급을 줄 만큼 수입도 없는 사장과 월급은 안 받아도 된다는 예비 사장이 함께 3개월 동안 과일 장사를 했다. 그 예비 사장에게 가르쳐줄 판매 노하우는 없었다. 장사는 사람이 하는 것이니 어떻게 하면 장사꾼의 진실한 마음을 오롯이 손님들에게 전해드릴 수 있는지를 고민하라는 말만 3개월 동안 귀에 딱지가 앉게 얘기해주었다.

그 친구가 지금은 대전에서 과일대통령과 최고 매출을 다투는 매장을 운영하고 있다.

잠자리에 누웠지만 잠이 오지 않아 뜬눈으로 새벽을 맞는 가슴 답답함을 안다. 출근하는 아내를 배웅하며 '오늘은 뭘 해야 하지?'라는 답답함에 줄담배만 피우는 그 마음을 안다. 취업이 안 되어 불안한 미래를 걱정해야 하는 막막함을 안다. 애들 밥이라도 먹일 요량으로 새벽 인력 시장에 나가보았지만, 일을 구하지 못해 집으로 터덜터덜 돌아와야 하는 처진 어깨의 무게를 안다.

그렇다고 포기할 것인가? 과일 장사가 어때서? 대학도 졸업 못 한 고졸에, 배운 기술도 없어서 이 일 저 일을 전전하며 20~30대를 그냥 흘려보낸 젊은 시절. 늦었다면 늦었다 할 수 있는 마흔이 넘어서의 과일 장사도 마음먹기 달린 것 아닌가?

지금 이런 시간을 보내고 있는 사람이라면 취업을 못해 걱정이 한가득인 청년이든, 퇴직을 앞둔 가슴 막막한 명퇴 예정자이든 누구에게라도 새벽 4시 깜깜한 시간에 일어나 새벽 도매시장에 나가는 상쾌함을 말해주고 싶다. 서로 좋은 과일을 차지하고자 하는 치열한 장사꾼들의 경쟁 속에서 느낄 수 있는 살아 있음을 말해주고 싶다.

장사꾼의 마음이 진심이라면 그 마음이 믿기지 않게도 오롯이 고객에게 전달되고 있다는 희한한 경험을 전해주고 싶다. 그래서 나와 1등을 다투고 있는 선의의 경쟁자가 1명이 아닌 10명이 되고, 100명이 되기를 소망한다.

그러기 위해 책을 쓰면서 주워들은 지식 말고, 책에서 읽은 지식 말고, 처음부터 끝까지 내가 생각했고, 내가 행동했고, 내가 성과를 냈던 소중했던 경험들은 나누어주고자 노력을 했다. 그리고 내일의 성공자들에게 마지막으로 한마디를 꼭 해주고 싶다.

"오늘 하루, 죽도록 최선을 다하자!"

과일 가는 곳에 마음 담아 보냅니다.

과일대통령지기 황의석

| 차 례 |

2장 넘어졌다. 바로 그 자리에서 승부를 보라!

3장 과일대통령의 월 매출 1억 올리는 장사 비법

4장 고객의 과일냉장고를 지배하는 법

5장 반전을 기다리는 당신에게

1장

안녕하세요.
과일대통령입니다!

대통령께 드리는 과일을 팔거나
과일계의 대통령이 되거나

진주의 삼산약국

진주 하면 떠오르는 상호 하나가 있다. 바로 상평동에 있던 '삼산약국'이다. 어린 동생이 경기를 해 얼굴이 새파랗게 질리고 몸이 뻣뻣하게 굳자 당황하신 엄마의 얼굴이 창백해졌다. 엄마는 먼저 바늘로 동생의 손과 발을 딴 후에 어린 나와 누나들에게 동생을 주무르라고 하고는 정신없이 밖으로 나가셨다. 얼마 안 있어 다시 돌아온 엄마는 손에 약봉투를 들고 계셨다. 무슨 약인지는 잘 몰랐지만, 어머니는 정신을 잃은 동생에게 숟가락으로 물약을 먹였다. 그러고 시간이 조금 흐르자 동생의 의식이 돌아왔다.

나중에 알게 된 사실이지만, 볼거리를 했던 동생이 열이 많이 올라 정신을 잃은 거였다고 한다. 동생의 의식이 돌아오고 한숨 돌린 어머니는 나와 함께 아까 잠시 나가셨을 때 들렀던 곳으로 갔다. 나를 데리고 가신 것인지, 내가 따라간 것인지는 확실하지 않지만 어쨌든 그곳은 약국이었고 '삼산약국'이라는 간판이 있었다.

어머니는 연신 약사님에게 감사한다며 인사를 하고 또 인사를 하며 꼭 약값은 갚겠다고 하셨다. 약사님은 무슨 말씀이시냐며 아이가 다행히 위급함은 넘겼으니 약값은 굳이 안 갚으셔도 된다는 말씀을 해주셨다. 어린 나에게는 어머니의 모습이 안쓰러움으로 마음에 왔고, 약사 선생님은 진심으로 환자를 아끼시는 모습으로 마음에 들어왔다. 과일 장사를 하며 딸기를 매입하러 진주에 자주 가곤 하는데 그 약국이 없어졌다. 언젠가는 꼭 뵙고 감사의 인사를 드려야 하는데 그러질 못해 내내 감사한 마음만 간직하고 있다.

팔아서 늘 이익을 남겨야만 하는 것은 아니다

장사를 하는 내내 이름도 모르는 삼산약국 약사님을 생각하며 장사를 한다. 장사의 스킬도 중요하고, 경험도 중요하고, 부지런함도 중요하고 다 중요한데 그중에 가장 중요한 것은 역시 사람을 생각하는 마음인 것 같다. 약사님이 돈을 생각하셨으면 타지에서 온 얼굴도 모르는 사람에게 선뜻 돈을 받지 않고 약을 주셨을까? 꼭 갚겠다고 연신 머리를 숙이는 사람에게 아기가 나았으면 그것으로 다행 아니냐며 약값은 걱정하지 말라고 말씀을 해주셨을까?

나에게 이후로 30년이 넘는 시간 동안 존경하는 마음과 감사한 마음을 갖게 한 것은 사람을 먼저 생각하고 자신이 갖고 있는 것을 기꺼이 나누어주려는 그 마음을 갖고 계셨던 약사님때문이다. 간혹 가게에 있다 보면 파지를 줍는 할머니가 오신다. "과일을 꼭 사야 하는데. 꼭 사야 하는데……" 하면서 이 과일 저 과일 가격만 물어보시는 경우가 있다. "어머니, 어떤 과일을 사셔야 하는데요?"라고 물어보면 본인이 돌보는 손주를 먹여야 한다고 하신다. 그럴 때면 "어머니, 손주가 무슨 과일 좋아해요?"라고 여쭤보고 손주가 좋아한다는 과일을 담아서 "1,000원입니다"라며 건네드린다. "젊은 양반, 이 과일이 비싼데 1,000원만 받아서 어째"라며 돈을 더 주려고 하시지만, 사양하며 손주에게 맛있게 먹이라고 하며 할머니를 배웅한다.

자주 있는 일은 아니지만 꼭 그래야 할 것 같다는 마음이 늘 들었다. 삼산약국의 약사님에게 받은 감사함을 생각하면 내가 그 할머니에게 돈을 다 받을 수가 없다. 그렇다고 돈을 아예 안 받으면 미안해서 과일을 못 갖고 가시기에 1,000원만 받지만, 마음속으로는 그마저도 죄송하다.

나에게 과일이라는 것은 팔아서 이익을 남겨서 내 가족이 생활을 하고, 내 아이들이 자신들의 꿈을 이룰 수 있도록 뒷받침을 해주어야 하는 것이다. 하지만 나만, 내 아내만, 내 아이들만 행복하고 누릴 수 있으면 그만일까? 어려서부터 지금껏 늘 가난하게 살았지만, 지금까지 살아온 것이 내 힘만으로 될 수 있었냐고 하면, 그렇지 않을 것이다. 그렇기 때문에 나도 나눌 수 있는 것은 나누어야 한다. 더구나 과일은 음식이지 않는가? 음식이란 팔아서 돈을 남기는 것도 당연히 좋겠지만, 음식이기에 나누어 먹어야 더 맛있고 더 값진 것 아니겠나 싶다. 그렇게 삼산약국의 약사님처럼 아름다운 삶을 닮아가고 싶다.

'과일대통령'이 된 이유

상호를 지을 때 참으로 많은 생각을 했다. 고민도 많았다. '싱싱과일', '치명적 과일', '과수원이야기', '농부의 새벽' 등등의 후보 상호가 많았지만, 때는 2016년 박근혜 대통령의 탄핵정국이었다. TV며 라디오며 인터넷 기사이며 온통 '대통령, 대통령, 대통령'이었다. 몇 날 며칠을 대통령 소리만 듣다가 상호를 '과일대통령'으로 정하게 되었다. 그 파지 줍는 할머니의 손주들이 미래의 대통령이 아니겠나 하는 생각이 들었다. 탄핵 중인 현직 대통령에게 내 과일을 드릴 수 없다면, 차기 대통령으로 유력한 사람에게 내 과일을 드릴 수 없다면, 대통령에게 드릴 방법은 하나밖에 없었다. 미래의 대통령들에게 내 과일을 드리는 것이다. 그들에게 내 과일을 드려야 한다면 먼저 내가 과일계의 대통령이 되어야 한다.

상호와 나눔과의 연관성은 전혀 없으나 마음만은 그렇게 나눔에 바탕을 둔 상호를 지었다. 미래의 대통령들이 지금 당장 어려움에 처해 있다고 밥을 굶어서야 되겠는가? 과일 하나가 뭐가 그리 대단하다고 과일 하나 드시기에 그리 어려워야 한단 말인가? 과일 장사를 해서 돈을 버는 것도 내 과일을 사주는 동네 손님들이 있기 때문이다. 그래서 내가 먹고살고 있다면, 그분들에게 감사해서라도 주변에 어려운 이웃이 있으면 나누어야 하지 않을까 하는 생각. 36년 전 삼산약국 약사님이 보여주신 모습. 그 생각과 그 모습을 담기 위해 정한 상호가 바로 '과일대통령'이다.

오늘도 과일대통령은 꿈꾼다

노점 장사를 시작한 것으로 하면 꼬박 5년이 되었고, 가게를 차린 것으로 하면 만 4년이 지났다. 그리 오랜 시간이 흐르지 않았지만, 대전에서는 꽤나 잘나가는 과일 가게로 자리 잡았고 앞으로도 더 키워야 한다. 그래서 '과일대통령'이 10호점을 넘어 100호점이 나와야 한다. 나눔을 실천할 수 있고, 이익이 먼저가 아니라 사람이 먼저인 나의 생각에 공감하는 사장님들이 모여 10호점, 100호점이 나오기를 꿈꾼다. 비록 한낱 과일 장사꾼이지만, 그리고 나 하나가 애써봐야 얼마나 바뀔까 싶지만, 그래도 내가 먼저 바뀌어야 하고 실천해야 한다. 그래야 앞으로 우리 아이들이 살아가는 세상은 좀 더 따뜻하고 좀 더 밝은 세상이 될 것이다.

내 마음속에 자리 잡은 삼산약국 약사님처럼 누군가의 마음에 과일대통령의 사장님으로 자리 잡고 싶은 것이 내가 진짜 꿈꾸는 과일대통령이다. 그 꿈을 위해 오늘도 새벽 4시면 어김없이 집을 나서 도매시장으로 향한다.

1년 365일 같은 자리에 자리를 까는 노점 장사꾼

새로움과 오래됨에 반응하는 사람들

사람들은 새로운 것에 반응을 한다. 특정 브랜드가 아니더라도 신형 핸드폰이 나오면 사람들이 너도나도 구입하려고 새벽부터 줄을 서는 것을 많이 봐왔다. 자동차도 마찬가지다. 같은 브랜드의 차라도 신형 모델 출시 계획이 발표가 되면 구형 모델은 잘 팔리지 않아서 대폭 할인을 하는 경우도 심심치 않게 보아온 터다. 그렇듯 사람들은 새로운 것에 반응하고 새로운 것을 선호한다는 것을 장사를 하는 사람이라면 꼭 염두에 두어야 한다.

또 하나, 사람들은 오래된 것에 반응을 한다. 우리나라에서 가장 오래된 여관이 전라남도 해남에 있다. 두륜산 속에 자리 잡은 이 여관은 1915년에 지어졌다 하니 100년 하고도 5년이 더 된 한옥 건물의 여관이다. 이곳에 숙박하기 위해서는 최소한 한두 달 전에는 예약을 해야 묵을 수 있는 특별한 여관이다.

대한민국에서 가장 오래되었다는 군산의 이성당 빵집, 서울을 대표하는 태극당, 대전의 명물인 성심당 빵집도 65년이나 되었다. 이 빵집들은 오랜 세월이 흘렀음에도 지금도 줄을 서서 빵을 사가는 사람들이 많다. 그만큼 사람들로부터 사랑을 받고 있다는 증거일 것이다.

노점 장사라도 고향 어귀의 오래된 느티나무처럼 자리를 지키면 되지 않을까? 매일 보는 뻔하고 뻔한 노점이 아니라 늘 새로움을 손님들에게 줄 수 있다면 번듯한 가게 못지않게 성공할 수 있지 않을까?

오래 버틸 자리가 아니라, 잡은 자리에서 오래 버텨라

과일 장사를 하겠다고 1톤 화물차에 과일을 싣고, 이곳저곳 장사가 될 만한 곳을 찾아다니지만 좀처럼 쉽지가 않았다. 장사에 대해서 배운 것도 없었고, 어떻게 해야 하는지도 모르는 초보였기에 차 댈 곳을 찾기 정말 어려웠다.

운 좋게 좋은 자리라 여겨지는 곳에 자리를 잡고 전을 펴고 있으면 엄한 사람이 찾아와서 자기 자리인데 왜 장사를 하느냐고 빨리 자리를 비우라고 하는 통에 멱살잡이를 하는 경우도 있었다.

노점 과일 장사가 자리 하나를 잡는다는 것은 가게 하나를 얻는 것과 같은 것이다. 그렇기 때문에 어렵게 확보한 자리를 다른 사람에게 쉽게 빼길 수도 없는 노릇이기에 흔히 벌어지는 광경이기도 하다.

이렇게 저렇게 해서 일주일에 한 번씩 각 요일마다 전을 펼 수 있는 자리를 여섯 곳을 마련했다. 자리를 마련하기도 어려웠지만, 과일도 마음처럼 불티나게 팔려나가지가 않았다. 그도 그럴 것이 처음 보는 사람이 와서 과일을 판다고 오래된 단골처럼 과일을 사줄 리가 없지 않은가?

하지만 장사가 잘 안된다고 포기하지 않았다. 항상 같은 요일이면 같은 자리에 과일을 깔고 장사를 했다. 장사가 안되는 곳에 자리를 깔고 미련하게 장사를 하는 나를 보면서 지나가는 사람들이 딱하다 싶었는지 "이봐요. 이곳은 장사 안돼서 며칠 하다가 다들 도망가는 자리예요"라며 조언을 해주셨다. 그분들에게 나는 씩씩하게 대답을 했다. "그래도 기왕 시작한 장사이니 조금만 더 해볼게요."

무식하면 용감하다는 말이 딱 맞아떨어지는 상황이었다. 새벽 일찍 나가서 빈속이 쓰리도록 맛을 보고 골라온 과일이 아닌가? 버릴 수도 없는 노릇이니 목석처럼 자리를 지키며 팔아야 하지 않겠냐는 오기로 장사를 했다. 시간이 지나면서 장사 안되는 곳이니 다른 곳으로 가서 장사를 해보라고 조언한 분들이 한 분, 두 분 내 과일을 사주시기 시작했다.

"젊은 사람이 융통성이 없어서 그렇게 미련하게 장사를 하나? 사과 한 봉지 줘봐"라고 하며 걱정 반, 응원 반과 함께 고객이 되어주셨다. 그렇게 노점 장사였지만, 단골이 만들어지고 하니 장사가 익숙해지고 재미가 들기 시작했다.

항상 새로움을 보여주어야 한다

노점 과일 장사의 형태를 보면 차에다 과일을 싣고 돌아다니면서 장사를 하는 이동형 스타일이 있고, 한곳에 자리를 펴고 가게처럼 장사를 하는 고정형 장사 스타일이 있다. 어떤 장사 스타일이 좋다 나쁘다 할 수는 없지만, 나 같은 경우에는 고정형 장사 스타일이었다.

매번 같은 장소에서 같은 사람이 장사를 하니 손님들도 역시 매번 보는 그 손님이 그 손님이다. 생각해보면 참으로 지루하기 짝이 없는 것이다. 어떻게 해서든 뭔가 새롭다는 것을 손님들에게 보여줘야 시선을 끌 수 있지 않을까? 뭔가를 엄청나게 변화를 주어야지만 새롭다고 느껴지는 것은 아니다. 사소한 것 하나하나에서 세심하게 파고들면 그것을 손님들은 새롭다고 느낄 수 있다.

예를 든다면, 대부분의 장사꾼들이 수박을 팔고 있을 때 나는 복숭아를 판다거나 남들이 주로 복숭아를 팔고 있을 때 나는 포도를 판다는 식으로 과일의 종류를 한 달 앞서나가는 것도 충분히 새로움을 줄 수가 있다. 이런 경우는 갓 출하되는 첫물이기 때문에 이윤을 좀 더 보아도 손님들이 인정을 해주신다는 장점이 있다.

과일을 진열하는 것에도 새로움을 줄 수가 있다. 과일을 진열하는 맨 앞줄에 돼지저금통을 한 줄로 깔아놓으면 귀여운 돼지들이 웃고 있는 것이 손님들의 시선을 끌어주었다.

그러다 엄마 손을 붙잡고 아기 손님들이 올 때면 "이 돼지는 삼촌이 주는 선물이야. 집에 밥 잘 줄 거지?"라며 돼지저금통에 동전

하나를 넣어 손에 쥐어주면 아이들이 무척이나 신나한다. 그리고 아기 엄마들도 너무 고맙다며 바나나 하나라도 더 사주신다. 자기보다 자기 자식에게 잘해주면 더 좋아하는 것이 아기 엄마들이라는 것도 꼭 알아두면 좋을 것 같다.

노점에 깐 것은 과일이지만, 파는 것은 나의 뚝심이다

노점 과일 장사꾼들의 가장 나쁜 버릇은 바로 핑계다. 어제는 비가 와서 쉬었고, 오늘은 바람이 너무 많이 불어서 일을 할 수가 없다고 한다. 내일은 눈이 펑펑 온다고 하니 할 수 없이 쉬어야겠다는 생각을 한다. 그런 사람이 너무 많다.

하지만 나는 비오는 날도 같은 자리를 지켰다. 바람이 불면 천막을 걷고 자리를 깔았고, 눈이 올 때면 과일이 눈에 맞아 얼기 때문에 차에 실은 채로 장사를 했다. 그렇게 해서 과일이 잘 팔렸는지 궁금할 것이다. 역시 그런 날은 장사가 안된다.

정말 빈손으로 돌아오는 경우도 있었다. 그럼에도 장사를 한 이유는 지나가는 사람들이 과일은 사지 않더라도 내가 장사하러 나왔다는 것은 보기 때문이다. 차를 타고 지나가는 사람들도 내가 악천후에도 포기하지 않고 장사를 하러 나왔다는 것을 스쳐지나가면서도 본다. 그 사람들이 날이 좋은 날 찾아주며 "황 사장, 대단하구먼. 그런 날에도 나오고 말이야. 당신처럼 하면 안될 일이 있겠어?"라며 과일을 사주신다.

내가 이런저런 핑계를 대지 않고 꿋꿋이 장사를 한다는 것은 내 의지가 그만큼 크다는 것을 보여주는 것이고, 내 뚝심이 결코 약하지 않다는 것을 보여주는 것이다. 그런데 참으로 신기하게도 내가 말하지 않아도 사람들은 내 의지를 알아주고 내 뚝심을 알아준다. 그리고 내가 뚝심은 팔지 않으니 손님들은 내 뚝심을 사기 위해 과일을 덤으로 사주는 것이라고 생각한다.

며칠 장사가 안된다고 결코 포기하지 않기를 바란다. 없던 것을 있게 만들어야 하니 오죽 힘이 들지 모르는 바 아니지만, 세상 어느 것 하나 저절로 만들어지는 것은 없다는 사실을 이미 경험해보지 않았는가?

수고로움을 받고,
즐거움을 드리다

농부의 정성을 담다

저게 저절로 붉어질 리는 없다.
저 안에 태풍 몇 개
저 안에 천둥 몇 개
저 안에 벼락 몇 개

저게 저 혼자 둥글어질 리는 없다.
저 안에 무서리 내리는 몇 밤
저 안에 땡볕 두어 달
저 안에 초승달 몇 날

장석주 시인의 〈대추 한 알〉이라는 시다. 작디작은 대추 한 알이 이렇게 큰 것들을 품고 있다는 것을 미처 알지 못했고, 알려고도 하지 않았다. 설익은 대추 한 알을 입에 넣었을 때 비리고 맛이 없어서 '퉤!' 뱉어버린 기억이 떠오르며 괜히 미안해지는 마음이 들었다. 그리고 세상 모든 것들이 담고 있는 가치에는 무신경한 채, 보이는 것들로만 판단하며 허투루 산 것이 아닐까 하는 반성이 되었다.

내가 손님에게 건네는 사과 한 알이 '대추 한 알'과 마찬가지라면 그냥 사과 한 알이 아닐 것이다. 매서운 추위가 끝나갈 즈음 묵은 순의 가지치기가 시작되고, 싹이 나고 꽃눈이 잡힐 때면 적절한 과수를 유지시키기 위해 꽃눈을 솎아줄 것이다.

벌들이 잘 날아들 수 있도록 먼저 꽃이 피는 다른 나무도 관리를 해주어야 할 것이고, 열매가 열리면 어린 열매를 보호하기 위해 봉지를 하나하나 씌우는 것도 고된 일이다. 해충 방제도 해야 하고, 맛있는 과일을 만들기 위해 영양제도 제때에 주어야 한다.

사과가 잘 자라면 입혀주었던 봉지를 제거하여 새색시 연지 같은 예쁜 색깔이 들도록 해주어야 한다. 행여 나뭇잎이 열매를 가려 색이 잘 안 들 것 같으면 나뭇잎을 솎아주어야 하는 일도 있다. 맛이 잘 들고 색이 예쁘게 든 과일은 상처 나지 않도록 조심스럽게 수확해야 하고, 크기를 선별하여 이제야 상품으로써 포장을 마치고 손님을 만날 준비를 하게 된다. 과정 하나하나가 사람의 손이 가지 않으면 안 되는 일이니 나에게 온 사과 한 알이 그냥 태어나고 자라난 게 아닐 것이다. 늦은 겨울부터 늦은 가을까지 농부의 숨소리, 발소리를 듣고 자랐을 터이고 한 움큼 쏟아낸 땀방울을 양분 삼아 자랐으니 어찌 함부로 사과 한 알을 만날 수 있을까?

장사꾼의 희망을 담다

매일 똑같은 일을 한다고는 하지만 어제 만난 과일이 오늘 만난 과일과 같지 않고, 오늘 만난 과일이 내일 만날 과일과 같지 않을 것이니 늘 새로운 마음으로 새벽 도매시장에 나간다. 새벽 2시. 가락시장의 경매 시작 시간이다. 새벽 4시 30분. 내가 장사를 하고 있는 대전 농수산물도매시장의 경매 시작 시간이다.

가락시장에서 물건을 해야 할 거라면 최소한 경매 시작 한 시간 전에는 서울에 도착하여 출하된 과일의 맛을 일일이 체크한다. 대전이라면 4시 전에 나가서 같은 일을 반복한다. 그리고 가장 좋은 과일을 중도매인에게 발주를 넣는다. 가락시장이든 대전 도매시장이든 출하된 과일이 마음에 들지 않는다면 김천, 영천, 성주, 상주, 전주, 광주, 제주 등등 산지 공판장을 직접 가거나 전국의 맛있다는 과일 농가를 찾아나선다.

다른 장사꾼들은 나를 보고 "그렇게까지 할 필요가 있느냐?", "어차피 가봐도 거기서 거기가 아니냐?"라며 한심하다는 듯 충고를 해준다. 경력이 꽤나 쌓인 선배 장사꾼들도 "나도 해봐서 아는데, 별거 없어. 그렇게 한다고 손님들이 알아주지도 않아"라며 건강 챙기면서 적당히 하라고 걱정 어린 조언도 해주신다. 하지만 내가 파는 과일에는 내 희망을 담고 있다. 내 가족의 삶을 담고 있고, 두 아들 녀석들의 미래를 담고 있다. 이런 과일을 대충 아무렇게나 준비할 수는 없지 않은가? 대통령에게 드리는 과일을 팔거나 과일계의 대통령이 되겠다고 상호도 '과일대통령'으로 지은 마당에 나에게 과일을 준비하는 데 결코 대충이라는 것은 있을 수 없다.

손님들의 즐거움을 담다

내가 손님에게 건네드린 과일이 임신한 아내가 먹고 싶다고 사가는 남편의 과일이라면 그 과일에는 아내를 위한 남편의 사랑이 담겨 있을 것이다. 갓 태어나서 이유식을 시작하는 아기가 먹어야 하는 과일이라면 이 과일을 먹고 잘 자라기를 바라는 엄마의 축복이 담겨 있을 것이다.

일상에서 가족이 두런두런 모여 앉아서 웃음꽃 피우는 곳에 있는 과일이라면 즐거움을 담고 있을 것이고, 생의 마지막 언저리에서 먹는 과일이라면 고단한 삶을 굳게 지켜온 분에 대한 존경을 담고 있어야 할 것이다. 그렇게 내가 드리는 과일에는 손님을 향한 오롯한 마음이 담겨 있어야 할 것이다.

내가 손님에게 받은 돈 속에 수고로움이 담겨 있다

나는 돈을 벌기 위해 새벽부터 늦은 밤까지 과일을 준비하고, 진열을 하고, 손님을 맞고, 배달을 한다. 맑은 날에도 해야 하는 일이고, 비가 오는 날에도 해야 하는 일이다. 눈이 오면 눈을 맞으면서도 해야 하는 일이다. 때론 좋지 못한 과일을 드려 손님들에게 혼이 나는 경우도 있다. 내가 그렇게 돈을 번다.

그렇다면 나에게 돈을 주는 내 손님들의 돈은 쉽게 번 것일까? 새벽부터 공사장에 나가서 땡볕에 얼굴을 검게 그을리며 번 돈일 수도 있고, 하루 종일 고객들의 전화를 응대하며 과격한 고객들로부터 욕을 들으며 번 돈일 수도 있다. 또 직장 상사들로부터 받는 모욕을 꾹꾹 눌러 참은 자존심을 담고 있을 수도 있지 않을까?

이렇게 수고로움이 담긴 돈을 내게 주셨는데 어찌 내가 그 가치를 무시하고 그 가치보다 못한 과일을 드릴 수 있을까. 내 돈이 소중한 만큼 고객님의 돈이 소중하다는 것을 알아야 한다. 그래서 나는 돈을 받고 과일을 건네주는 장사를 한다고 생각하지 않는다. 수고로움을 받고 즐거움을 건네주며, 사람과 사람의 정을 나누는 일을 한다고 생각한다. '장사를 한다' 생각하면 내 이익이 우선이고, '정을 나눈다' 생각하면 어떻게 하면 더 좋은 것을 대접할까 하는 마음이 먼저다. 그래야 오랜 시간 장사를 할 수 있고, 고향 어귀의 느티나무처럼 손님들에게 포근함을 선물해줄 수 있지 않을까.

눈물을 흘리며 수박을 버리다

다만, 내가 해야 할 일에 최선을 다할 뿐이다

좋은 과일을 준비해야 하는 것은 장사꾼인 내가 해야 할 일이다. 그것을 선택하는 것은 소비자가 할 일이다. 많은 장사꾼들이 '이 과일은 정말 싸기는 한데 맛이 없어서 손님들이 안 살 것 같아', '이 과일은 맛은 정말 좋은데 너무 비싸서 손님들이 안 살 것 같아'라고 생각하며 손님이 해야 할 선택을 장사꾼이 지레짐작하고 물건을 매입하는 것에 망설인다.

적당한 맛의 과일을 적당한 가격에 사서 수월하게 판매하는 것을 선호한다. 많은 장사꾼들이 그렇게 생각을 하고 그렇게 과일을 매입하니 특별한 경쟁력은 없어지고, 손님에게 어필할 수 있는 것은 가격밖에 없다. '어디 가봐라. 이 가격에 이만한 과일을 더 저렴하게 살 수 있는 데가 있는지?' 이런 생각일 것이다. 하지만 좋은 과일은 좋은 과일이 할 일이 있고, 저렴한 과일은 저렴한 과일이 할 일이 있는 것이다.

장사꾼은 자신의 기준에 맞는 과일을 꼼꼼하게 체크하고 신중하게 선택해서 매입해오면 되는 것이다. 말한 대로 그것을 선택하는 것은 소비자의 몫으로 남겨두어야 한다. 만약 소비자들이 그 과일을 선택하지 않는다면 왜 선택을 안 하는지 문제점을 파악하고 해결해야 하는 것은 또 장사꾼이 해야 할 일로 남을 것이다. 장사꾼은 자신이 해야 할 일에 최선을 다하면 그걸로 충분하다.

'농민이 농사를 잘못 지어서 과일이 맛이 없구나!'

'중매인이 이렇게 맛없는 과일을 사줘서 장사가 안되는군요.'

'이 정도로 싸면 품질이 조금 낮은 것은 소비자들이 감수해야 하는 거 아니야?'

'이 정도로 맛이 좋으면 가격이 다소 높아도 알아주고 사줘야지.'

이런 생각들을 해준다면 장사가 뭐가 어려울까? 그러면서 돈도 잘 번다면 누가 과일 장사를 하지 않겠는가? 장사라는 것은 모든 책임이 장사꾼에게 있어야 한다. 과일이 맛이 없으면 그 과일을 선택한 장사꾼의 안목이 부족한 탓이고, 과일의 가격이 너무 비싸면 시세를 읽지 못하는 장사꾼의 노력이 부족한 것이다. 맛이 없어서 안 사고, 비싸서 안 사는 것은 자기 상권의 소비자의 성향을 파악하지 못한 장사꾼의 게으름 탓이다. 그러니 모든 책임은 장사꾼이 안고

가는 것이다.

손님에게 욕을 먹다

오랜 장맛비가 그치고 모처럼 하늘이 갠 새벽이었다. 과일을 사기 위해 그날도 역시 경매 시작 전에 도매시장에 도착을 했다. 경매를 보기 위해 준비하고 있는 수박의 맛을 확인해보았다. 비 온 뒤의 수박 맛을 고려해봐도 맛이 괜찮았고, 무더위가 예보된 터라 수박이 잘 팔릴 것은 뻔한 것이어서 중매인에게 매입을 요청했다. 웬일인지 경매 가격도 평소 시세보다 저렴하게 낙찰이 되어서 두 팰릿(화물 운반대)을 매입하고 한 팰릿을 차에 실었다.

출발이 좋다 생각하고 장사할 노점 장소에 도착을 해서 수박을 깔고 장사를 시작했다. 수박 한 통을 잘라서 수박 맛을 보여주면 손님들이 맛있다고 한 통씩, 두 통씩 들고 들어갔다. 장맛비에 장사도 제대로 하지 못하고 있던 때에 모처럼 수박이 잘 팔리니 신나서 더 잘 판 것 같았다.

아직 해가 있는데도 수박이 다 팔려 몇 통 남지 않았는데 오후 2시 정도에 수박을 사간 나이 지긋한 손님이 비닐봉투에 수박을 담아 오셔서는 그 수박을 던지며 이런 수박을 파냐며 심하게 욕을 하셨다. 무슨 일 때문에 그러냐고 물어봤더니 수박을 보라고 했다. 비닐봉투에서 꺼낸 수박은 상한 냄새가 나는 속이 곯은 수박이었다. 수박을 확인하고는 연신 죄송하다며 사과를 드리고 환불해드렸다.

알고 보니 침수 수박

평소에 친하게 지내는 과일 가게 사장님에게 전화를 해서 수박이 이러이러하다고 말을 했더니 '침수 수박'이라고 했다. 침수 수박은 특히 장마철에 많이 발생하는데 수박밭이 불어난 물에 잠겨서 발생하는 것이라고 한다. 침수 수박은 병충해에 취약해서 농사를 포기하는 경우가 대다수인데 수확을 앞둔 수박이라면 아까워서 수확을 하고 출하하는 경우가 간혹 있다고 한다.

침수 수박은 문제가 발생하지 않으면 다행이지만, 먹고 탈이 날 수도 있기 때문에 침수 수박인 것을 알면 절대 매입하면 안 된다는 설명도 들을 수 있었다. 또한 물로 씻은 것 같은 수박이거나 물에 잠겼던 것처럼 이물질이 많이 묻어 있는 수박을 절대 매입하지 말라는 당부도 해주었다. 그렇게 침수 수박인 것을 알고서는 더 이상 이 수박을 팔 수는 없었다. 아직 팔지 못해 남은 몇 통의 수박과 도매시장에서 아직 싣지 못한 수박 한 팰릿을 차에 옮겨 싣고 밤이 깊어지기만 기다렸다. 밤늦은 시간에 도매시장으로 다시 가서 팔리지 못한 과일들을 버릴 수 있도록 마련된 음식물 쓰레기장 옆에 차를 대고 한 차 가득한 수박을 버리기 시작했다.

다시는 너희들을 버리지 않으리

수박을 버리는데 갑자기 눈물이 흐르기 시작했다. 그칠 기색이 보이지 않고 하염없이 굵은 눈물이 흘렀다. 습기 많은 한여름 밤의 무더위로 흐르는 땀과 눈물이 범벅이 되어 흘렀다. 가슴이 터질 것 같은 답답함에 통곡을 터뜨렸다.

그것은 수박에 대한 미안함이었다. 잘 자라서 사람에게 맛으로 즐거움을 주고 사라져야 하는 것이 수박의 운명인데 장사꾼 잘못 만난 탓에 제 할 일 하지 못하고 버려지는 수박에게 너무 미안했다. 출하되지 말았어야 할 수박이었지만, 그 일을 내가 해야 한다는 것이 수박에게 미안해 견디기가 힘들었다.

양심을 저버리고 출하를 한 농민이 원망스럽기도 했다. 오랜 경험이 있는 중매인이라면 침수 수박인 것을 알 수도 있었을 터인데 신참 장사꾼이 사달란다고 대뜸 사준 중매인도 원망스러웠다. 하지만 원망은 그냥 원망이다. 모든 잘못은 그 수박을 매입한 내게 있는 것이었고, 주인 잘못 만난 탓에 버려지는 신세가 된 수박이었다. 그렇게 한 차 가득 버려진 수박을 보며 미안하다는 인사를 하고 뒤돌아서며, 다시는 너희들을 버리지 않겠다고 다짐을 했다.

그 후로 지금까지 과일의 신선도가 떨어져 판매하기 어렵게 될 듯 여겨지면 아직은 신선도가 살아 있을 때 과일을 사신 손님들에게 덤으로 드린다. 그리고 좋은 과일을 드리지 못해 죄송하다고 양해를 구하고, 과일이 해야 할 일은 해야 하기에 드린다고 말씀을 드린다. 과일이 해야 할 첫 번째 일은 팔려서 장사꾼에게 이익을 주는 것이 아니라 사람에게 맛으로 즐거움을 줘야 하는 것이다. 그게 과일의 마지막 일이고, 태어난 이유인 것이다.

나는 단골손님 300명에 목숨을 걸었다

왜 300명에 목숨을 걸었나

현재 시점에서 내가 단골손님이라고 생각하는 손님들이 몇 분이나 되실까 헤아려 보니 대략 100명 정도 되는 것 같다. 사실 장사를 하면서 손님을 돈으로 계산하는 것을 좋아하지 않아 수치화하고 싶지는 않다. 그러나 현재 과일 장사를 하고 있는데 장사가 잘되지 않아 불안한 사장님에게 동기부여가 될 수 있다거나 앞으로 과일 장사로 인생의 전환점을 만들어보고자 하는 예비 사장님들이 있다면 그 분들에게 용기를 내어보라는 차원에서 수치화해보겠다.

내가 단골손님이라고 생각하는 분들이 일주일에 평균 두 번 정도 내방해주신다. 그리고 구매 단가가 평균 3만 원 정도다. 일주일이면 6만 원, 한 달이면 24만 원의 과일을 구매해주신다. 그렇다면 영업이익으로 한 달에 5만 원 정도를 나에게 월급으로 주는 분들이다.

그런 분이 300명이면 1,500만 원의 영업이익이 발생하고 이런 저런 가게 운영비용을 제외하고 나면 800만 원 정도의 순수익이 남는다고 보면 될 듯하다. 그렇게 해서 내 연봉 1억이 안정적으로 나온다고 계산이 되기에 나는 단골손님 300명에 목숨을 거는 것이다. 단골손님이 300명이라는 것은 그보다 몇 배수가 많은 일반 손님이 있다는 것이고, 그로 인해 발생하는 금전적 계산은 굳이 추가해서 설명하지 않아도 될 듯하다.

장사라는 것은 물건을 파는 장사꾼도 사람이고, 구매하는 소비자도 사람이다. 그러니 장사라는 것은 사람과 사람이 만나는 것이다. 사람과 사람이 만나서 서로에게 호감이 가고 신뢰가 가야지 관계가 좋아지고 그 좋아진 관계를 장사에서는 단골가게, 단골손님이라고 표현하는 것이 아닐까 한다.

내가 좋아하는 사람이 300명이고, 나를 좋아해주는 사람이 300명이라는 것은 생각만 해도 정말 행복한 일이다. 만나서 정답게 인사를 나누고, 서로의 안부를 물어주고 이런 저런 이야기를 하면서 웃을 수 있는 이웃이라면, 꼭 장사가 아니더라도 삶이 즐겁고 행복할 것 같다.

그러니 다시 강조하고 싶은 것은 손님 한 명을 돈으로 계산하지 말고 한 분, 한 분 오롯이 정성을 다하다 보면 단골손님들이 나를 위해 해주는 것이 바로 내 과일을 사주는 것이라는 것을 깨닫게 된다. 장사에 어려움을 겪고 있는 사장님이나 과일 가게 창업을 준비 중인 예비 사장님이라면 나와 마찬가지로 단골손님 300명에 목숨을 걸어

볼 만하다고 말씀드리고 싶다. 그렇게 사람냄새 나는 장사가 되기를 소망한다.

손님이 원하는 것을 알아야 한다

우연히 지나가다가 내방을 했든, 누군가의 소개를 받고 내방을 했든, 아니면 기존의 단골손님이든 과일 전문 가게에 들어온 것은 맛있는 과일을 기대하고 있다는 것에 항상 포커스를 맞추고 있어야 한다. 당연하다고 생각할 수 있지만 의외로 그렇게 준비하지 않는 가게들이 많다는 것도 사실이다.

가게에 방문하는 손님들을 마름모꼴 구조로 나타냈을 때, 그럭저럭 괜찮은 정도의 과일을 팔기 수월한 가격에 판매하면서 마름모꼴의 중간 부분에 속해 있는 고객을 대상으로 판매를 하겠다고 여기는 장사꾼들이 의외로 많다. 하지만 이런 전략은 노점에서도, 과일 전문 가게에서도 잘 맞지 않는다고 생각한다.

노점이라면 그럭저럭 괜찮은 과일이 저렴해야 손님을 끌어들일 수가 있고, 과일 전문 가게라면 가격이 다소 높더라도 맛있는 과일을 준비해야 한다. 이유는 노점과 매장에 오는 고객의 연령층이 구분되기 때문이다. 노점에서 과일을 사는 고객은 50~60대의 연령층이 많고, 매장 고객은 30~40대의 연령층이 많기 때문이다.

반드시 연령층에 의해서 구분된다고는 할 수 없지만, 30~40대의 연령층은 특히나 아이들에게 먹이기 위해 과일을 사는 경우가 많아

가격보다는 맛과 품질에 더 민감하다고 보는 것이 타당하다. 그렇기에 과일 가게를 운영하면서 단골손님을 확보하겠다면 30~40대의 손님들을 타깃 고객으로 삼고 타깃 고객들이 원하는 과일을 준비해야 한다.

손님이 손해 보지 않도록 하라

이 부분은 내가 늘 강조하는 부분이다. 손님이 내 가게에서 구입한 과일을 먹고 자신이 지불한 돈의 가치보다 못하다고 판단이 되면 다시는 그 가게로 발길을 옮기지 않을 것이다. 만약 내가 식당에 가서 밥을 먹는데 맛이 형편없거나 직원의 응대가 너무 불친절하면 다시는 그 식당에 가지 않을 것이니, 내가 그럴 거라면 내 가게에 오는 손님들의 생각도 똑같은 것이 인지상정이다. 그렇기에 내 가게에 오는 손님들에게 손해 본다는 느낌을 주면 절대 안 된다.

손님에게 손해를 주지 않았다고 그 손님이 단골이 되지는 않는다는 것도 알아야 한다. 준 만큼 받았다면 손님이 장사꾼을 도와준 것도 없지만, 장사꾼으로부터 추가로 손님이 받은 것도 없다. 단골손님이 되어달라는 것에는 당연히 해야 하는 것에 더해서 무엇인가 플러스알파가 있어야 한다는 것을 기억하자. 그것은 생각지 못한 덤일 수도 있고, 적립 포인트일 수도 있고, 의외의 선물이 될 수도 있다.

플러스알파에 대해서 많은 장사꾼들이 비용이라고 생각하는 경향이 많다. 하지만 비용보다는 투자라고 하는 것이 더 올바른 정의

가 아닐까 싶다. 신규고객 한 명을 창출하기 위해서 투자되는 오프라인 광고, 홍보 그리고 온라인에서의 바이럴 마케팅 비용까지 그 비용이 기존 고객을 단골손님으로 만드는 데 들어가는 금액보다 훨씬 크기 때문이다.

대접받고 있다고 느끼게 해줘라

손님이 손해를 보지 않게 하라는 것은 비용적인 면이 크다면, 대접을 받는다고 느끼게 해주는 것은 응대적인 면이 크다고 할 수 있다. 예를 들어 매장에 손님이 들어오면 "어서 오세요"라는 인사 대신 "안녕하세요"라는 인사를 한다.

"어서 오세요"라는 인사는 워낙에 가게에서 많이 쓰는 말이라 손님이 들어서 낯설지는 않겠지만, 그리 반가운 인사도 아니다. 어서 와서 내 물건을 사라는 것 같아 유쾌한 느낌이 들지는 않는다. 반면에 "안녕하세요"라고 인사를 드리는 것은 말 그대로 안녕하신지 안부를 묻는 인사라는 생각이 들어서 손님과 장사꾼 사이에 친근함을 느낄 수 있다.

더구나 오랜만에 오신 손님이라면 "오랜만에 오셨네요. 그동안 건강하셨어요?"라고 인사를 하면 "네. 사장님도 건강하셨죠?"라고 대화가 진행되면서 장사꾼과 손님이라는 느낌보다는 이웃사촌이 만나 인사를 나누는 것 같아 손님들이 더 좋아하신다. 사람들은 나에게 무엇을 팔려고 하는 사람을 경계한다는 것은 다 알고 있는 사실이니, 그 알고 있는 것을 알고 있는 것으로만 그치지 말고 내 장사에 적용을 해야 한다.

과일에 관한 정보를 제공하라

인사하고 돈 받고 과일 건네드리고 끝내기에는 장사가 너무 삭막하다. 이런 무미건조한 거래의 상황만 있다면 굳이 내 매장을 찾을 이유가 없을 것이다. 이런 때는 손님이 좀 특별한 대우를 받고 있다고 느낄 수 있게 해주어야 한다. 그렇게 느낄 수 있게 해줄 수 있는 간단한 방법이 "이건 단골손님에게만 알려드리는 건데요" 하면서 과일 잘 고르는 팁을 주면 너무 좋아하신다.

예를 들어 다음에 사과를 사실 때는 꼭지 주변의 색깔이 노란색을 띠는 사과가 꿀이 박혀 있을 확률이 높아 맛이 더 좋다든지, 참외는 물에 띄웠을 때 참외 줄이 세 줄이 떠야 가장 좋은 참외라는 정보 같은 것들 말이다. 또 소비자들은 망고 후숙시키는 것을 아주 어려워하는데 망고의 후숙이 가장 잘되는 온도가 37도 내외이니 이 온도에서 하루이틀 후숙시켜 먹으면 가장 맛있게 드실 수 있다는 정보도 좋아하신다.

이런 고급 정보(?)들을 손님들에게 전해주면 내 가게에 왔을 때 뭔가 특별한 대우를 받는다고 느끼면서 단골이 되어주는 경우가 많았다. 여기에 "다른 가게에 가셔서 과일 사실 때도 꼭 그런 과일을 사면 거의 실패하지 않으실 거예요."라며 한마디를 보태면 너무 장사꾼 냄새를 풍기지 않아 더 좋았던 것 같다.

해결 방법은 단골손님밖에 없다

과일, 참 흔하다. 동네 과일 가게에 가도 있고, 동네 마트에 가도 있다. 매주 열리는 아파트의 알뜰장에도 있고, 전통시장에 가면 더 널려 있는 것이 과일이다. 대형마트는 말할 것도 없고 편의점에서도 요즘은 과일을 판다. 사거리에는 모서리마다 트럭 장사꾼들이 과일을 팔고 있으니 과일 가게가 하나 없어져도 소비자들은 전혀 불편함을 느끼지 못한다.

어디에서든 살 곳이 많다는 것이 장사가 잘 안되는 이유다. 그런데 나는 이 경쟁 속에서 버텨야 하고, 좀 더 욕심 부려서 장사가 잘되어야 하는 것이 문제다. 그 많은 과일 파는 가게들을 내가 없앨 수가 없다면 방법은 내가 변하는 것밖에 없다. 변해서 단골손님을 많이 확보하는 것 외에는 다른 방법이 없는 것 같다.

식당, 치킨가게, 떡집, 과일 가게, 건어물가게, 피자집, 헤어숍 등등 업종과 종목을 막론하고 손님을 상대로 장사를 하는 가게라면, 그리고 이 가게들 중 잘나가는 가게들이라면 서로 다른 자신들만의 노하우로 장사를 잘하고 있겠지만, 어느 한 곳 빠지지 않는 공통점이 있다. 그것은 바로 단골손님들이 잡혀 있다는 것이다.

유명 TV 프로그램인 〈백종원의 골목식당〉에 마스터로 출연하고 있는 백종원 대표는 가게에 들어오는 손님 중에 사장이 알고 있는 손님이 50%만 넘으면 그 가게는 망하지 않고 끝까지 간다고 했다. 그만큼 단골손님 확보가 중요하다는 것을 강조하는 것이고, 말하지는 않았지만 단골손님의 비중을 높이는 것이 얼마나 어려운 것인지를 설명해주는 말인 것 같다. 분명한 것은 어렵지만 해내야만 하는 숙제라는 것이다.

성공한 사람의 관점을 배워라

그 청년은 왜 중고차를 팔기로 했을까

스물세 살 된 청년의 이야기다. 그리고 10년도 더 된 2000년대 후반에 있었던 이야기다. 그 청년이 취업을 하려고 하는데 그 일이 중고차 딜러였다고 한다.

그 청년은 주위 사람들에게 중고차 딜러에 대해서 어떻게 생각하느냐고 물어봤다고 한다. 그 질문은 받은 열 명 중에 열 명이 같은 대답을 했다고 한다. "중고차 딜러? 사기꾼이지."(특정 직업을 비하할 의도는 전혀 없다.)

그렇다면 내가 중고차 딜러를 하는 것에 대해서는 어떻게 생각하냐는 두 번째 질문을 했을 때 똑같은 반응이었다고 한다. "미쳤냐? 너도 사기꾼이 되려고?" 예외 없는 만장일치의 대답을 들은 그 청년은 주위의 반응에 안도의 한숨을 쉬었다고 한다. 누구나 사기꾼이라 생각하고, 누구나 미쳤다고 하는 그 일에서 블루오션의 길을 찾았다는 것이다.

만약 내가 그런 질문을 하고 그런 만장일치의 대답을 받았다면 나 역시 안도의 한숨을 쉬었을 것 같다. '그렇지? 누구나 그렇게 생각하니까 역시 하면 안 될 것 같아. 물어보기를 잘했어. 하마터면 나도 사기꾼이 될 뻔했어'라며 중고차 딜러를 포기했을 것 같다.

하지만 그 청년은 달랐다. '그래, 모두가 중고차 딜러를 사기꾼이라고 생각하는구나! 그렇다면 나는 중고차 딜러가 사기꾼이 아니라는 것을 사람들에게 증명시켜주면 그 사업은 반드시 대박이 날 수밖에 없는 사업이겠다'라는 생각에 안도의 한숨을 쉬고는 그 길로 중고차 딜러의 직업을 택했다고 한다.

사기꾼이 되지 않기로 한 청년의 행동

청년은 중고차 딜러라는 직업을 선택하고 사기꾼이 아닌 '중고차 전문가' 포지션을 갖기 위해 노력을 했다고 한다. 첫 번째 방법은 메일 발송하기. 제목은 '이것만 알면 중고차 사기 당하지 않는다'였고, 내용은 '답장으로 자료 요청하면 중고차 보는 비법 5가지 자료집 증정'이었다.

10만 통의 메일을 보냈더니 1%인 1,000통의 회신 메일이 왔다고 한다. 회신 메일이 왔다는 것은 이 청년의 입장에서는 1,000명의 가망고객의 메일 정보를 확보하는 결과를 얻은 것이다. 그리고 메일을 보냈을 때 1%의 회신이 온다는 통계자료를 얻은 것이다.

그 1,000명에게 중고차를 보는 비법 다섯 가지를 정리한 자료집을 다시 보내주면서 자료집을 보는 것보다 실제 중고차를 보면서 한 번 확인해보는 것이 실전에 써먹을 수 있는 방법이라며 '중고차 평가하기 교육 실시. 참가비 5만 원'이라는 내용을 함께 보냈다. 회신율은 10%. 두 번째 메일을 통해서 이 청년은 중고차를 한 대도 팔지 않았는데 500만 원의 수익이 발생했다. 그리고 100명을 상대로 중고차 평가하기 교육을 실시했다.

여기서 나는 소름이 돋았다. 그 100명은 왜 그 교육을 들었을까? 중고차를 구매할 때 사기 당하지 않기 위해서 그 교육을 들은 것이다. 5만 원을 내고서라도 교육을 들었다는 것은 바로 중고차를 구입할 실수요자들이라는 것이다.

이것을 간파하고 있었던 청년의 세 번째 행동은 교육을 받아서 중고차 보는 법을 알았으니 이제는 직접 중고차를 살펴보면서 자신들이 구매할 차를 둘러보라는 것이었다. 그 청년은 그 교육을 시작하기 전에 정말로 상태가 최상급인 중고차를 미리 확보해놓았다고 한다. 그렇게 순식간에 중고차 50대가 팔려나갔다.

그 청년이 지금은 중고차 상사를 세 개를 운영하면서 밑에 중고차 딜러를 70명이나 거느리고 있다고 하니 생각의 출발이 달랐다는 것이 이렇게 큰 힘을 가지고 있음을 새삼 전율하며 깨닫게 되었다. 들은 이야기이지만, 지금 생각해봐도 나에게는 엄청난 충격이었고, 다른 관점에서 생각한다는 것이 이렇게 대단한 것이라는 사실을 깊이 새기게 되는 이야기였다.

나는 장사치가 아니라 카운슬러다

과일을 파는 장사치라면 이익을 쫓아야 한다. 이익을 극대화시키기 위해서는 가장 부적절한 과일을 가장 저렴한 가격에 매입해와서 가장 많은 이윤을 남기고 파는 기술을 갖고 있으면 된다. 예를 들어 성주 공판장에 가면 참외 경매를 한다. 참외 경매 낙찰 가격이 2,000~3,000원부터 7만~8만 원까지 차이가 많이 난다. 가장 싼 참외는 신선도도 떨어지고 갈라진 열과 제품이다. 바로 먹지 않으면 버려야 하는 과일인 것이다. 가장 비싼 참외는 색깔도 예쁘고, 크기도 가장 알맞고, 아삭한 식감에 당연히 맛도 좋다. 당연히 저장 기간도 길게 두고 먹어도 아무런 탈이 나지 않는다.

어떤 장사치는 가장 싼 참외를 사와서 봉지 하나를 손님에게 건네주며 담을 만큼 담고 만약 주머니에도 참외가 들어가면 들어가는 만큼 갖고 가라고 하면서 5,000원이라고 한다. 비싼 참외 싸게 주니까 빨리 사가라고 현혹시키지만, 상한 참외를 먹으면 복통이 엄청 심하다는 것은 소비자에게 알려주지 않는다. 팔아서 이익을 남겨야 하기 때문이다.

하지만 나는 장사치보다는 카운슬러이고 싶다. 손님이 좋은 과일을 살 수 있도록 도와주는 조언자이고 싶은 것이다. 아이들에게 먹일 참외를 아무거나 고르게 할 수가 없다. 카운슬러라면 손님이 좋지 않은 과일을 선택했을 때 "그 과일보다는 이 과일이 더 맛있고 좋은 과일입니다"라는 말을 해주는 것이 당연하다.

과일을 먹을 때 다디단 그 맛을 느끼며 좋은 과일을 고를 수 있게 도와준 과일 가게 사장에게 고마움을 느낄 수 있다면 '카운슬러'의 역할을 다했다고 해도 좋겠다. 나는 나의 이익보다 손님의 즐거움이 더 컸으면 좋겠다. 장사를 하는 나의 수고로움으로 인해 손님이 행복해졌으면 좋겠다. 그렇게 한곳에서 오래 장사를 하며 단골손님들에게 인정받는 단골가게의 주인이 되고 싶다.

다른 관점에서 장사를 하자

나는 '과일 장사의 관점을 어떻게 바꿀 것인가?'에 대해서 많이 생각해봤다. 오래 생각해봤다. 과일 장사를 하고 싶어 하는 사람들이 물어보는 것 중에 가장 많은 것이 "과일 장사를 하면 돈 많이 버나요?" 아니면 "과일 장사를 하면 돈을 얼마나 벌 수 있나요?"이다. 과일 장사가 아니더라도 장사에 대해 사람들은 돈 버는 수단이라는 관점만을 갖고 있는 것 같다.

하지만 나의 관점은 꼭 돈에 국한되어 있지 않다. 과일 장사를 잘하면 신뢰를 벌 수 있고, 사람을 벌 수 있다. 관계를 벌 수 있고, 경험을 벌 수 있다. 가능성을 벌 수 있고, 기회를 벌 수 있다. 가치를 벌 수 있고, '함께'를 벌 수 있다. 나눔을 벌 수 있고, 긍정의 힘을 벌 수 있다. 장사를 하는 내내 굳이 돈이 아니더라도 벌고자 하면 그 무엇이든 벌 수 있다.

행복이 성적순이 아니듯 돈이 행복의 전부도 아니다. 장사를 통해 얻어지는 것이 돈뿐이라면, 그래서 그 돈을 흥청망청 써버린다면 내가 장사를 하는 것이 의미가 없다. 열심히 과일 장사를 하면 돈을 벌 수 있다는 희망을 절망하고 있는 이들에게 보여주어야 하고, 내가 손님을 돈으로 보지 않으면 손님이 나를 장사꾼으로만 보지 않는다는 것을 알려주어야 한다.

손님들이 내 과일을 사주셔서 내가 먹고산다면, 그래서 살만 하다면 나도 주위의 어려운 이웃을 돌보는 것이 내 과일을 사주는 손님에 대한 의리이고 예의라는 것을 모르는 사람들에게 알려주어야 한다. 장사라는 것이 단지 돈을 버는 수단이 아닌 내가 사회에 기여할 수 있는 수단이라는 것이 내가 장사를 바라보는 관점이다. 그렇게 장사라는 것이 숭고한 일이며 귀한 일이라는 것을 모르는 사람들에게 알려주어야 한다. 당신도 당신의 관점에서 장사를 볼 수 있었으면 좋겠다.

2장

넘어졌다.
바로 그 자리에서
승부를 보라!

택배 기사로
이름을 날리다

택배 기사를 만나다

오전 8시. 아내가 출근을 위해 태어난 지 100일 된 아들을 안고 집을 나섰다. 염치가 없어서 아이를 안고 있는 아내를 위해 무거운 가방 정도는 들어줘야 할 것 같았다. 차에 앉은 아내에게 가방을 건네주고 출발하는 차가 사라질 때까지 바라보고 있었다.

담배 한 개비를 입에 물고 불을 댕겨 한 모금 깊이 들이마셨다. 담배 연기를 내뿜은 것이 아니라 아마도 앞에 보이는 화물차를 대책 없이 사버린 것을 후회하는 한숨을 내쉬었다고 하는 편이 맞을 듯하다.

세제 장사를 하려고 무작정 화물차를 할부로 샀는데 세제 장사가 생각처럼 진행이 되지 않았다. 차 할부금은 매달 나가는 상황에서 일은 진행이 되지 않고 일을 하지 못하고 있으니 생활비 마련도 어려운 답답한 시간이 흐르고 있던 참이었다. 더 이상은 계획했던 세제 장사를 진행하기는 어려웠다. 무슨 일을 할까 고민하다 보니 할부가 나가는 화물차를 이용해서 일을 하는 것이 가장 좋을 것 같다고 생각을 하던 차에 마침 아파트 단지로 들어오는 택배차가 있었다. 차에서 내린 택배 기사가 물품을 챙기더니 아파트 안으로 들어갔다. 한 10분 정도를 기다리니 택배 기사가 내려오기에 무작정 다가가서 "기사님, 택배하면 어떻습니까? 일자리를 잡아야 하는데 택배는 어떤지 궁금해서요?"라고 물어보았다. 기사님은 "세상 힘든 것이 택배 일이에요. 웬만하면 하지 마세요"라고 조언을 해주었다.

선택의 여지가 없었다

하지만 가진 것이라고는 덜컥 출고시킨 화물차 한 대밖에 없는 상황에서 선택의 여지가 없었다. 생활정보지를 갖고 와서 택배 기사를 구하는 구인란을 살펴보았다. 그중에 월급을 가장 많이 주는 곳으로 망설이지 않고 전화를 걸어 면접을 볼 수 있냐고 물어보니 된다고 하여 바로 면접을 보러 갔다. 그렇게 대한통운택배에 지입 배송 기사로 입사를 했다.

정확하게 말하면 개인사업자로 사업자등록을 한 후에 대한통운과 용차계약을 맺은 하청업체라고 하는 것이 맞을 것이다. 근로계약이야 어떤 형태가 되었든 내가 남들에게 대한통운 택배 기사라고 했고, 남들도 나를 보고 대한통운 택배 기사라고 했다.

그렇게 택배 일을 시작하면서 담당하게 된 지역이 대전 외곽의 동네였는데, 택배 기사들이 오래 버티면 세 달이고 한 달도 버티지 못하고 그만두는 동네였다. 지금은 많이 바뀌기도 했지만, 당시에는 여섯 개 단지의 아파트가 핵심 주거지였다. 그중에 몇몇 단지는 영구임대주택으로 북한에서 탈북한 새터민들이 많이 거주하거나 지체장애나 정신장애가 있으신 분들이 많이 거주하는 단지였다.

생활이 넉넉지 않은 동네이다 보니 다 그런 것은 아니지만, 신경이 날카로운 고객들이 있기도 했고, 택배 기사를 무시하거나 수락하기 어려운 부탁을 막무가내로 하는 분들이 더러 계신 곳이었다. 또 대부분의 고객들이 일하러 나가는 바람에 집에 수령인이 없는 경우가 많았고, 택배 분실 사고도 자주 발생하여 택배 기사가 돈을 물어줘야 하는 상황이 다른 곳에 비해 많은 동네였다. 당연히 택배 기사들이 기피하는 동네가 된 것이었다. 하지만 일을 하지 않으면 안 되는 상황에서 동네가 이렇다고 택배 기사를 그만둘 수 있는 처지가 아니었다.

호칭 하나 바꿨을 뿐인데

주민과 친해지는 방법밖에 없었다. 나이가 좀 지긋하시다 싶으면 호칭은 무조건 '어머니', '아버지'였다. 젊은 사람들에게는 '아무개 씨'가 아닌 '아무개 님'이라고 불렀다. 고객들이 집을 비울 경우에 경비실에 맡겨야 하는 경우를 대비하지 않을 수도 없었다. 그래서 '경비 아저씨'가 아니라 '경비 선생님'이라고 호칭을 사용하기로 했다.

호칭 하나 바꿨을 뿐인데 반응은 너무 달라졌다. 처음에는 고객들의 말투가 싸우자는 식이라고 느껴졌는데 호칭을 바꾼 이후로는 상대방도 나를 배려하고 높여주는 것이 느껴졌다.

“아, 황의석 기사님이세요?”라며 손님들도 나를 존대해주기 시작했다. 다른 택배 기사들이 경비 선생님들과 물건을 맡아달라느니 당신들이 직접 배달하라느니 싸우는 경우가 많았는데 내가 맡아달라고 부탁하는 것은 “어. 거기 놓고 가. 이따가 내가 연락해서 찾아가라고 할게”라며 택배 물건을 맡아주셨다. 이러다 보니 택배를 배송하는 시간이 다른 택배 기사들에 비해 훨씬 단축이 되었다.

고객에게 안심을 배송하다

다음은 분실되는 택배 물건이 발생하지 않도록 해야 하는 숙제가 남아 있었다. 복도식 아파트이기 때문에 문 앞에 택배를 두면 분실이 되어도 찾을 방법이 없었다. 경비실에 사람이 없는 동도 많았기에 맡기는 것도 여의치 않은 경우가 많았다.

그래서 내가 생각해낸 방법은 택배 상자에 동호수를 크게 쓰고 그것이 CCTV에 보이도록 비춘 후에 항상 CCTV로 확인할 수 있는 복도 가장자리에 택배 물품을 내려놓는 것이었다. 그리고는 고객님들에게 핸드폰으로 사진을 찍어서 이렇게 내려놓았다고 문자를 보내주었다. 고객들은 이전에 한 번도 경험해보지 못한 택배 기사의 배려였다. 이렇게 문자를 보내게 되니 고객들은 자기 물건이 잘 도착한 것이 확인도 되고, 혹시 물건이 없어졌을 경우에는 관리사무소에 의뢰를 해서 누가 가져갔는지 확인을 할 수 있게 되면서 분실에 대한 근심을 내려놓게 되었다. 또 다른 변화는 항상 택배 물품을 CCTV가 비추고 있다 보니 분실되는 발생 건수도 거의 제로에 가까워졌다.

도착 알림 서비스로 배송 시간을 줄이다

거기에 더하여 택배 도착 30분 전에 고객에게 문자를 보냈다. 도착 알림 문자를 받은 고객들로부터 부재중이니 경비실 복도에 보관해달라는 회신 문자가 들어오기 시작했다. 대부분의 고객들이 일하느라 부재중인 집이 많다 보니 자연스럽게 경비실 복도에 보관하는 택배가 90% 이상이 되었다. 이렇게 택배 배송일이 자리 잡히자 배송 시간이 절반 정도는 줄어들었다. 택배 기사들 사이에서 죽음의 동네로 불리던 곳이 6개월 만에 택배의 천국으로 바뀌는 순간이었다.

고객들의 마음을 얻고 수입이 늘어나다

시간이 지날수록 달라지는 변화가 또 있었다. 그것은 내 수입이 늘고 있다는 것이었다. 고객들이 인터넷 쇼핑을 하면서 배송정보란에 택배회사가 대한통운택배가 아니면 주문을 하지 않고, 대한통운택배면 배송 주문을 해주는 경우가 생겨났던 것이다. 배송 시간은 줄어들고 배송량은 늘어나서 배송 건당 수수료가 수입이 되는 시스템 덕에 처음 배송을 시작할 때보다 수입이 두 배 가까이 늘어나 생활이 안정되기 시작했다.

포기하지 말고, 적응하거나 판을 바꿔라

남들이 다 어렵다고 포기하던 동네를 할 수 없이 담당할 수밖에 없었지만, 그 시간이 결코 가볍거나 쉽지는 않았다. 악착같이 살아야 하는 현실도 있었고, 악착같이 살아남겠다는 오기도 있었다.

새벽 6시에 나와서 밤 11시에 집에 들어가면 하루에 버는 돈이 15만 원 남짓이었지만, 30~40만 원짜리 고가 상품을 분실해서 배상을 해줘야 하는 상황이 발생을 할 때면, 내가 이 짓거리를 왜 하나 싶어 포기하고도 싶었다. 하지만 이곳에서 포기하면 또 다른 일을 하더라도 또 포기하는 상황이 반복될 것이라는 생각이 들면서 살아남자고 다짐을 했다.

상황이 바뀌지 않을 것이라 판단이 되면 내가 상황에 적응을 해야 한다. 그것을 인정할 수 없다면 죽기 살기로 판을 바꾸어야 한다. 택배를 햇수로 6년, 만으로 꼬빡 5년을 일하면서 어려운 여건을 변화시키는 가장 빠른 길은 나를 변화시키는 것이었다.

그런데 솔직히 죽기 살기로 나를 바꾼 것도 없다. 호칭 하나 바꾸는 것은 정말 쉬웠다. 도착 문자를 보내는 것도 그다지 어렵지 않았다. CCTV에 택배가 도착했음을 확인해주는 것도 어려운 일은 아니었다.

그런데 내가 소소하다고 느꼈던 일들에 고객들은 열렬히 호응하며 나를 신뢰하기 시작했고, 내가 속한 택배사인지 확인해 주문했다. 우리 동네 최고의 택배 기사는 황의석 기사님이라며 고객들의 칭찬을 받을 때마다, 오히려 내가 받은 사랑이 더 크다고 느껴졌다.

할 수 없이 해야 하는 일은 살면서 흔히 만날 수 있고, 어려움은 어떤 일을 하든지 있기 마련이다. 해보지 않은 일이라고, 적성에 맞지 않는 일이라고 억지로 일을 하면 그 일을 오래하기는 어렵지 않겠는가. 지금 발생한 어려움을 이겨내지 못하고 포기한다면 무슨 일을 하더라도 늘 포기에 포기만 쌓을 것이다. 내 이력서에 포기 한 줄이 더 기록이 될 것이다. 할 수 없이 해야 하는 택배였고, 가장 힘들다는 동네였지만 방법을 찾고자 애를 쓰고, 변하고자 노력을 한 덕분에 손님들로부터 인정받는 유일한 택배 기사가 될 수 있었다. 그렇게 고객에게 택배 물품 하나를 배달해드리는 것이 행복 하나를 배달해드리는 일이라 여기며 지나온 6년의 시간은 나에게도 행복한 시간이었다고 자신 있게 말할 수 있다.

내 인생의 첫 집은 6개월 만에 날아가고

행복에 행복이 쌓이다

택배 배송을 열심히 하면서 수입이 조금씩 늘어났고, 어린이집에서 보육교사로 근무하는 아내와 맞벌이를 하니 생활이 점점 안정이 되어갔다. 그리고 그렇게 간절히 기다리던 큰아이가 우리 곁으로 왔다. 그때는 정말 꿈꾸는 것 같고, 하늘을 날아가는 것처럼 즐겁고 행복했다.

그리고 큰아이가 태어난 지 100일이 될 즈음 좋은 일이 또 생겼다. 아내가 근무하는 어린이집 원장님이 다른 일을 하겠다며 아내에게 어린이집을 인수해서 운영해보면 어떻겠냐는 제안을 하신 것이었다. 그런데 그 조건이 너무 좋았다. 어렵게 생활하는 우리 형편을 다 알고 있는 원장님은 아내에게 목돈이 없는 것은 알고 있으니 일을 하면서 한 달에 얼마씩 해서 3년 동안 갚아달라는 것이었다.

유아교육과를 졸업하고 유치원과 어린이집에서 누구보다 열심히 근무하기를 9년. 어린이집을 운영해보고 싶어 하던 아내에게도 너무나 좋은 조건의 제안이었다. 근무하고 있는 어린이집이기에 애착도 더 있었던 터였다. 원장님의 호의에 너무 감사하며 망설이지 않고 인수를 했다. 그리고 더 열심히 어린이집을 꾸려나갔다.

그렇게 아내와 내가 앞만 보고 달리며 열심히 일한 덕분에 스스로에게 주는 선물로 우리에게도 첫 집이 생겼다. 낡은 아파트였지만, 알뜰하게 조금 손을 보고 입주해서 우리 집에서 잠을 자던 첫날 우리는 너무 행복했었다. 아내와 나란히 누워 곤히 잠든 아이의 얼굴을 보며 이 행복이 마냥 오래오래 가기를 바라고 있었다.

불혹의 나이에 유혹에 넘어가다

나는 취미가 딱 하나 있는데 바로 낚시다. 그리고 내가 제일 좋아하는 고기가 '쏘가리'다. 쏘가리는 진갈색에 정말 멋진 표범무늬를 가진 녀석이다. 민물에서 최상위 포식자이고, 민물의 제왕이다. 그 생김새와 자태가 어찌나 고상한지 한자어로 '금린'이라는 이름도 갖고 있다. 비단 '금' 자에 비늘 '린' 자를 쓰는 한자이니 쏘가리가 얼마나 멋진 고기라는 것은 더 설명하지 않아도 짐작할 수 있을 것 같다.

이렇게 멋진 쏘가리를 만나는 것이 얼마나 즐거운지 쉬는 날이면 강가에 서서 쏘가리를 만나려고 낚싯대를 자주 드리웠다. 쏘가리를 잡을 요량이면 가짜 미끼인 루어라는 것을 쓰는데 그 종류가 수

십 수백 가지다. 소프트한 루어부터 하드한 루어까지, 물 표면을 유영하게 만든 루어부터 중층, 바닥을 탐색할 수 있는 루어들. 숟가락 모양을 본 뜬 것도 있고, 실제 쏘가리의 먹이가 되는 물고기의 모양을 그대로 만든 루어도 있다. 그 종류를 나열하는 것만으로도 한참을 써야 할 것이다. 하지만 쏘가리를 잡기 위해서는 쏘가리가 가장 좋아하는 미끼를 써야 한다. 바로 쏘가리가 서식하는 곳에서 쏘가리가 가장 좋아하는 먹이 물고기를 잡아 생미끼로 낚시를 하는 것이다. 그것이 쏘가리를 가장 확실하게 유혹할 수 있기 때문이다.

택배 일은 새벽 6시에 시작해서 일이 아무리 일찍 끝나도 저녁 8시이고, 늦는 날이면 밤 10시, 11시가 훌쩍 넘을 때도 많다. 하지만 수입도 괜찮아졌고, 생활도 안정이 되었던 터라 불만은 없었다. 불만이 없었던 것이 아니라, 오히려 그 생활에 감사함을 느끼면서 생활하고 있었다.

그런데 어느 날 갑자기 멋진 제안이 하나 들어왔다. 핸드폰 매장을 인수해보면 좋지 않겠냐는 제안이었다. 매장은 이미 다 차려져 있고, 현재도 잘 운영이 되면서 수입도 좋은 매장이라는 것이었다. 더구나 내가 택배 배송을 하는 구역 내에 있는 핸드폰 매장이라 택배 배송 차 자주 들르는 매장이었기에 장사가 잘되고 있는 곳이라는 것도 이미 알고 있는 상태였다.

한 달에 핸드폰 40대만 개통시키면 1,000만 원 이상을 벌 수 있는데 지금 개통되는 핸드폰만 해도 40~50대는 된다며 현 상태를 유지만 잘해도 큰돈을 벌 수 있다는 것이었다. 나이가 40이면 어떤 유혹에도 넘어가지 않는다는 불혹의 나이인데 좀 더 편하게 벌 수 있다는 그 유혹이 너무 강하게 들어왔다. 새벽 6시부터 나가지 않아도 되고, 춥고 더운 데서 일하지 않아도 되고, 퇴근도 빠르니 식구들과 저녁도 맛있게 먹을 수 있고, 돈까지 더 많이 벌 수 있다고 하니 뭐 하나 나쁜 것이 없었다. 더구나 내가 잘 알고 있는 매장에 나를 인정해주는 고객들이 수없이 많은 동네에서 핸드폰 매장이라니 이보다 더 좋은 조건이 있을 수 있을까 싶었다.

한마디로 쏘가리가 살고 있는 곳에 쏘가리가 가장 좋아하는 먹이 물고기를 입 앞에 놓고 먹으라고 하니 그 미끼를 물지 않는 것이 오히려 바보가 아니겠냐는 말이다. 그렇게 불혹의 나이에 유혹을 뿌리치지 못하고 햇수로 6년이란 긴 시간 동안 정말 최선을 다해 일했던 택배 일을 그만두고, 택배 기사가 아니라 핸드폰 매장 사장님이 되었다.

수렁은 더 깊은 수렁으로

매장 오픈 시간은 오전 9시 30분. 9시에 출근해서 문을 열고 매장 청소를 간단하게 마친 후 하루 일과를 시작하니 택배 일 할 때와는 달리 너무나 여유로운 아침이었다. 너저분하고 먼지투성이인 화물터미널, 소리 지르지 않으면 동료와 대화도 할 수 없는 소음 속에서 6년간 일하다가 깨끗하고 깔끔한 매장에서 하루 종일 신나는 음악을 들으면서 일하니 그동안 경험해보지 못한 신세계였다.

그러나 신세계는 그리 오래가지 않았다. 내가 택배 배송을 했던 그 동네가 그리 넉넉한 동네가 아니었다는 것을 잊고 있었던 것이다. 유혹에 넘어가려니 보이는 것은 모두 화려함이요 들리는 것은 모두가 듣기 좋은 달콤함이었다. 하지만 현실은 그렇지 못했다. 고가의 요금제를 푸시해야 높은 수당이 나오기 때문에 형편이 어려운 사람들을 상대로 고가의 요금제를 어떻게든 팔아야 했다. 가족들도 끌어들여서 패밀리로 묶어야 수당이 더 나왔고, 역시 고가 요금제를 권해야 했다. 인터넷이며 전화며 IPTV까지 묶으면 금상첨화로 수당이 수직 상승되는 구조이다 보니 어떻게든 결합상품을 많이 팔아야 했다.

소비자에게 도움이 되지 않을뿐더러 내가 가진 가치관과는 너무나 다른 판매를 해야 하는 상황을 견딜 수가 없었다. 소비자의 패턴에 맞는 가장 좋은 요금제 솔루션을 제공해주고 고가의 단말기보다는 사용하는 데 불편함이 없는 상황이라면 저가의 단말기를 추천해주다 보니 수당이 쥐꼬리만큼 나오는 상황이었다.

그래도 나는 소비자들에게 좋은 솔루션을 제시해주면 알아주겠지 하면서 최적의 솔루션을 제시했지만, 그들은 당장에 얼마를 페이백해주는 매장, 사은품을 푸짐하게 주는 매장으로 발길을 돌렸다. 그게 다 요금제에 포함되어 청구된다는 사실이 당장에 보이지 않으니 생각을 하지 않는 것이었다. 오히려 그런 것들이 소비자에게는 손해로 돌아오고, 시쳇말로 호구가 되는 것이라고 해도 소비자들에게 나는 인색한 핸드폰 가게 사장으로 자리를 잡아가고 있었다.

그리고 그 세계에 발을 들여놓은 다음에야 알게 된 사실은 매장을 넘길 때 40~50대의 개통이 이루어지는 것은 일명 가개통이라고 임의로 개통을 한 후에 실적이 달성되면 개통 취소를 하는 것들이 포함되어 있었고, 다른 매장의 개통 건을 이 매장에서 대리 개통을 해주는 것들까지 포함이 되어 있었다. 그러니 애초에 1,000만 원의 수입이 넘는다는 것은 사기에 가까운 것이었으나 사기라 생각하지는 않기로 했다. 내가 더 죽을 만큼 열심히 했다면 분명히 1,000만 원보다 더 많은 수입을 올릴 수 있었을 것이다. 하지만 그때 내가 죽을 만큼 열심히 했냐고 물어본다면 그렇지 못했다는 대답을 해야 한다는 것 때문에 후회와 반성만이 있을 뿐이다.

집 대신 아이를 택하다!

손님들에게 고가의 단말기와 고가 요금제를 권하지 않고, 어떻게든 가족들을 끌어들여 패밀리로 묶지도 않고, 다른 서비스인 인터넷, 인터넷 전화, IPTV도 굳이 강요하여 결합시키지도 않다 보니 수입은 형편이 없었다. 게다가 차려진 매장에 돈 들이지 않고 소사장으로 들어온 탓에 월세와 관리수수료마저 높으니 다시 생활이 궁색해져 갔다. 만 5년을 오직 직진만이 있을 뿐이라며 열심히 택배 일로 모아두었던 약간의 여유자금도 바닥이 드러나고 잠자리에 들 때면 이 상황을 어떻게 반전시켜야 할지 고민 때문에 뜬눈으로 밤을 지새우는 날이 점점 늘어갔다. 때마침 아내의 배 속에는 둘째가 자라고 있었다.

핸드폰 매장을 오픈한 지 다섯 달. 더 이상 늦으면 안 된다는 생각이 들었다. 대출이 있기는 했지만, 집을 팔아서 생기는 자금으로 매장을 살려볼 생각으로 아내에게 집을 팔자고 잠자리에 누워 넌지시 말을 꺼냈다. 아내는 아무 말도 하지 않고 눈물만 펑펑 흘리고 있었다. 그렇게 한참을 말없이 울고 있던 아내가 말을 꺼냈다.

"여보, 우리 애 지울까? 그리고 다시 무슨 일이든 열심히 하고, 이 집은 지키면 안 될까?"

떨리는 목소리로 건네는 아내의 말에 숨이 턱 막히는 것만 같았다. 나의 잘못된 판단과 행동이 내 자식도 지키지 못하는 결과로 나타나다니. 아내와 내가 허튼짓 한 번 하지 않고 5년을 죽어라 일해서 마련한 집 한 채 날리는 것이 이렇게 순식간이라니 정말 어이가 없었다. 말문이 막혀 나도 눈물만 흘릴 뿐이었다. 그렇게 아내를 껴안고 한참을 울고 있다가 아내에게 단호하게 말을 건넸다.

"여보, 애는 지키고 집은 팔자. 정 다른 방법이 없다 싶으면 내가 다시 택배를 시작할게. 집 팔고 남는 돈으로 매장 한 번 더 살려보고, 안 되면 그때 다른 일 찾을 테니까 우선은 매장 한 번 살려보자."

"여보, 그럼 집은 팔아서 빚 갚고, 조금 남는 돈 있으면 그걸로 버티면서 생활하고. 당신, 다시 택배해라. 나도 다른 일 찾아볼게."

그렇게 얘기는 했지만, 아내와 나는 마음속에 큰 바위덩이를 안고 있는 것처럼 답답했고, 둘이 그렇게 밤을 새며 눈물을 흘렸다.

택배를 다시 시작할 것인가?
장사를 시작할 것인가?

인생의 갈림길에서

걸어온 길을 되돌아가는 길을 알고 있었다. 그리고 되돌아가면 앞으로 어떤 길을 걸을 수 있는지도 알고 있었다. 반면에 알지 못하는 새로운 길에 대한 막연한 설렘도 있었다. 한 번 길을 잘못 들어 고통을 겪고 있지만, 어째서인지 나는 늘 새로운 길을 가고 싶어 했다. 새로 들어선 길이 끝내는 어디로 연결이 되어 만나는지를 확인해보고 싶었다.

나만 열심히 하면 생활에 안정은 금방 찾을 수 있는 택배를 다시 시작할 것인가? 아니면 지금껏 생각이라고는 전혀 해보지 못한 과일 장사의 새로운 길로 들어설 것인가? 아내에게 이 말을 꺼내기 전에 스스로의 정리가 필요했다.

택배와 과일 장사의 장단점은 무엇인가?

내가 경험했던 택배는 정말 정직한 직업이었다. 정해진 시간에 출근하고, 정해진 물건이 내려오고, 정해진 구역을 배송하고, 늘 만나는 고객을 만나고, 고객이 보내는 물건을 발송시키고 그렇게 하루 일과가 끝난다. 내가 물건을 배송한 만큼, 내가 물건을 발송한 만큼 정확하게 매겨진 수수료에 따라 급여가 들어온다.

내가 경제적으로 수입을 더 벌고 싶으면 그만큼 배송량을 늘리면 되는 것이고, 몸에 무리가 되어 조금 수월하게 일을 하고 싶으면 배송량을 그만큼 줄이면 되었다. 일요일과 국경일은 모두 챙겨서 쉴 수가 있어서 휴일에 대한 걱정도 없는 직업이었다.

간혹 발생하는 고객과의 마찰이 스트레스로 다가오기는 하지만, 이미 경험이 있기에 손님과의 마찰을 미연에 방지하는 노하우도 이미 다 갖고 있다. 택배 일은 그냥 다시 시작하면 아무런 문제가 없었다. 다만, 몸으로 하는 일이기에 수입에 대한 한계치가 있다는 것이 하나의 단점이면 단점이었다.

반면에 해보지 않은 과일 장사는 내게 어떻게 펼쳐질까? 당시에는 과일 장사에 대해 많은 정보가 없다 보니 동생이 얘기해준 것을 바탕으로 예측만 할 수 있었다. 새벽에 도매시장에 나가서 좋은 물건을 사고, 이미 터가 잡힌 동생의 노점 자리에서 전을 펴고 저렴하게 팔면 장사가 잘될 것 같았다.

내가 장사를 하고 있는 동안에 동생은 자기가 말했던 밭에 가서 맛이 정말 끝내주는 못난이 복숭아를 가져와서 싸게 팔면 수입이 꽤

괜찮을 것 같았다. 동생의 말이니 속을 염려도 없을 것이고, 경험이 많은 동생이 함께 일을 해주니 부담도 없었다. 그런데 이런 이유들은 다 내가 과일 장사를 하겠다고 정한 상태에서 그 일을 하기 위한 정당성을 찾고자 둘러댄 이유에 지나지 않았다.

솔직히 핸드폰 매장으로 말아먹은 재산과 앞으로 갚아야 하는 빚을 안고 있는 상황을 과일 장사가 더 빨리 해결해줄 것 같다는 근거 없는 믿음이 있었다. 장사는 어떻게 하느냐에 따라 수입에 대한 한계치가 없다는 것이 가장 큰 장점이었다.

과일 장사를 택하다

그렇게 또 욕심을 부리는 것이 아닌가 하는 불안함이 있었지만, 그래도 동생과 함께한다는 것이 두려움을 이길 수 있게 해주었다. 아내에게 말을 꺼내기가 어려웠지만, 결론을 내렸으니 이제는 허락을 받는 일만 남았다. 뭐든 결정하고 통보하는 스타일로 아내에게 원망을 자주 듣는 편이었으나 이번에는 허락을 받는 과정을 꼭 거쳐야만 될 것 같았다.

예상했던 대로 아내는 말도 안 된다며 화를 내기 시작했다. 그런 아내에게 이런저런 이야기로 잘하겠다는 말과 어떤 방법으로 장사를 해서 어떻게 돈을 벌겠다는 동생의 이야기를 전해주며 설득했고, 동생과 만나서 얘기를 해보자고 달래도 보았지만 아내는 허락하지 않았다. 이제 곧 둘째가 태어나는데 어쩌려고 확실한 일을 마다하고 불확실한 장사를 또 하려고 하냐며 나무랐다.

아내의 말이 틀린 것이 하나도 없으니 뭐라 할 수도 없었다. 더구나 배 속에 아이를 품고 대리운전을 하는 아내가 아닌가. 그런 아내에게 더 이상 고집을 피울 수도 없어서 그쯤에서 대화를 끝냈지만, 아내도 내가 결정을 하면 무슨 일이 있어도 그 일을 한다는 것을 잘 알고 있었다. 그리고 며칠 후 아내는 나에게 쪽지 한 장을 건넸다.

하늘에 해가 없는 날이라 해도
나의 점포는 문이 열려 있어야 한다
하늘에 별이 없는 날이라 해도
나의 장부엔 매상이 있어야 한다

메뚜기 이마에 앉아서라도
전은 펴야한다.
강물이라도 잡히고
달빛이라도 베어 팔아야 한다
일이 없으면
별이라도 세고
구구단이라도 외워야 한다

손톱 끝에 자라나는 황금의 톱날을

무료히 썰어내고 앉았다면

옷을 벗어야 한다

옷을 벗고 힘이라도 팔아야 한다

힘을 팔지 못하면 혼이라도 팔아야 한다

상인은 오직 팔아야 하는 사람

팔아서 세상을 유익하게 해야 하는 사람

그렇지 못하면 가게 문에다

묘지라고 써 붙여야 한다

김연대 시인의 〈상인일기〉라는 시였다. 그리고 "당신에게 보내는 마지막 응원입니다"라는 아내의 한 마디가 적혀 있었다. 남편에게 보내는 마지막 응원이라는 것이 반갑기보다는 무겁게 다가왔다. 그 한 줄 외에는 아무것도 없는 메모였지만, 아내가 나에게 하고 있는 무수히 많은 말들이 들려왔다. 만약 또 한 번 실수나 실패가 아닌 포기를 한다면 헤어질 각오를 하라는 느낌으로 다가왔다.

그래, 다시는 유혹에 넘어가지 않을 거야. 다시는 포기하지 않을 거야. 그렇게 과일 장사의 길로 접어들었다.

동생이
내 스승이 되어

오름 수위와 노련한 낚시꾼

겨울이 지나고 봄이 시작되면 자연에 생기가 돌기 시작한다. 풀들이 올라오고, 앙상한 나뭇가지에서는 잎을 틔운다. 강이나 호수에서는 물안개가 올라오고, 그 위로 두루미 한 쌍이 날아간다. 미술관에서 보는 풍경화가 아닌 자연 그대로의 모습이 눈에 들어오면 그 황홀함은 경험하지 못한 사람들은 상상하기가 어렵다. 그 모습에 반해서 낚시를 좋아하게 되었다.

시기적으로 이때가 되면 댐이며 저수지마다 매년 있는 봄 가뭄을 대비하고, 봄 농사에 쓰기 위해서 물을 가두기 시작한다. 따뜻해지는 날씨와 물이 차올라 활동하기 좋아지는 환경, 긴 겨울을 지내며 소모된 체력을 보충하기 위한 붕어들의 먹이 활동이 시작되는 시기다. 낚시꾼들이 말하는 오름 수위의 시작이다. 이때가 되면 오름 수위 특수를 누리기 위해 노련한 낚시꾼들은 저마다 저수지에 자리를 잡고 낚싯대를 드리운다. 그리고 연중에 가장 많은 마릿수와 큰 씨알의 붕어들을 낚아내며 자신들의 기록을 갱신해나간다.

장사꾼도 오름 가격을 따라야 한다

장사를 시작하고 얼마 되지 않았을 때는 가격이 계속 오르면 부담이 되어 과일을 사기가 겁이 났다. 이렇게 비싼 과일을 사서 팔지 못하면 손실이 너무 컸기 때문에 걱정이 앞섰던 것이다. 그래서 가격이 안정되어 있거나 어제보다 가격이 내려가는 과일을 위주로 하여 매입을 하고 판매를 했다. 여유자금이 없는 상황에서 하루하루 흑자를 내야 하는데 적자가 나면 내일 장사가 어려워진다는 부담감이 컸기 때문이다. 하지만 그런 예상은 초보 장사꾼의 잘못된 생각이었다. 동생은 나에게 가격이 오르는 과일을 사야 한다고 말했다.

"형, 주식 가격이 왜 오르는 줄 알아?"

"기업 가치가 좋으니까 오르겠지."

"형, 아파트 가격이 왜 오르는 줄 알아?"

"학군이 좋든 뭐가 좋든 좋은 이유가 있으니까 오르겠지."

"형, 과일 가격이 왜 오르는 줄 알아?"

"사려고 하는 장사꾼들이 많으니까 오르는 거 아냐?"

이렇다 저렇다 물어보기만 하는 동생에게 슬슬 짜증이 나려고 할 때 동생이 말을 꺼냈다.

"형이 말한 게 다 맞는데, 그런 것이 아닐 때인데도 가격이 오를 때가 있어."

"언제인데?"

"금리가 너무 낮으면 묻지도 따지지도 않고 주식을 사는 사람들이 늘어나."

"그럴 수 있겠지."

"마찬가지로 집값이 계속 오를 거라고 사람들이 생각하면 아파트값은 계속 올라."

"그래. 그것도 당연하지."

"형, 두 가지의 공통점은 사려고 하는 사람이 많다는 거야. 공급은 한정돼 있는데 수요가 넘쳐나니 가격이 오르는 거라고. 과일도 마찬가지야. 맛이 덜해도 가격이 계속 오를 때가 있어."

"언제인데?"

"이제 막 출하가 되어서 그 과일을 기다리는 대기 수요자들이 많거나 시즌이 끝나가기 전에 과일의 양이 줄어드는데 마지막으로 그 과일을 맛보고 싶은 수요자들이 많을 때가 가격이 오르는 때라고."

"그래. 그게 당연한 거지."

"그런데 형은 가격이 올라서 비싸다고 안 사면 어떻게 해? 소비자들이 많이 찾는다는 것은 비싸도 그 과일을 먹겠다는 사람이 많다는 것인데 가격 무서워서 과일을 못 산다는 것이 말이 되냐고? 그렇게 간이 작아서는 장사 못 해."

노점 장사를 하는 동생의 말에는 자신감이 있었다. 가게도 없이 비록 길거리에서 장사를 하지만, 자신이 준비하는 과일에 대한 믿음이 있었고, 나름의 프라이드가 있었다. 그런 믿음과 프라이드가 있었기에 노점 장사꾼이지만, 많은 단골이 있었고 동생이 말하고 추천하는 과일을 손님들은 믿고 사셨다. 언제나 어리게만 느꼈던 동생의 모습이 크게 느껴지는 순간이었다.

과일 장사꾼의 도를 아십니까

"형, 과일 장사꾼은 과일값을 무서워하면 안 된다는 것은 이미 얘기했고. 또 하나 얘기해줄게."

"뭔데?"

"과일 장사꾼은 도를 닦아야 해."

"야. 그건 또 뭔 뜬금없는 소리냐?"

"길 다니다 보면 '도를 아십니까?'라고 말 걸어오는 사람들 있지?"

"어. 있지."

"내가 하도 짜증나서 그 사람들에게 심하게 욕하면서 꺼지라고 막 했거든. 근데 그 사람들이 화를 안 내. 내가 심하다 싶은 정도로 지랄을 하는데 그걸 다 들어주고 있어. 그리고 그럴 수 있다고 공감을 해줘. 그러면서 그런 것이 다 조상님 어쩌고저쩌고 하면서 자신들이 해야 할 말을 끝까지 하는 거야."

"그 사람들은 도를 정말 많이 닦았나 보다. 하하."

"도를 많이 닦아서 그랬을 수도 있고, 목표하는 바가 있어서 그

랬을 수도 있겠지. 근데 내가 그들을 보면서 배운 것은 나도 내 손님들에게 저렇게 해야 하지 않나 하는 거야. 장사하다 보면 간혹 심하게 클레임을 제기하는 손님들이 있는데 그 사람들과 '네가 잘했네, 내가 잘했네' 따질 것이 아니라 그 손님들의 불만 사항을 잘 들어주고 공감해주고 사과하고, 그다음에 이러저러했다고 내 사정을 얘기해야 한다는 거지. 같이 싸우면 결국은 손님 한 명 잃은 거야. 공감해주고 손님 입장에서 얘기해주면 그 손님은 100% 다시 오거든."

"그래, 네 말이 맞다. 장사는 도를 닦는 마음으로 손님을 대해야 한다는 것을 기억할게."

泰山不讓土壤 故能成基大

河海不澤細流 故能就基深

(태산은 한 줌 흙을 마다하지 않았기에 그렇게 클 수 있었고, 황하는 한 줄기 작은 시냇물마저도 가리지 않고 받아들여 그렇게 깊을 수 있었다.)

-〈상진황축객서〉 중에서

손님을 가리지 않는다는 것이 동생이 말한 도를 닦는 것이 아닐까? 장사꾼이기에 뜨내기손님과 단골손님의 대우를 다르게 할 수는 있겠지만, 내 가게에 들어오는 모든 분들이 소중한 분이라는 것을 마음속에 새기는 기회가 되었다. 그렇게 어리게만 생각했던 동생이 내가 바른 장사꾼의 길을 갈 수 있도록 도와주는 스승이 되었다.

싸다구요. 진짜 싸다구요. 안 싸면요?
싸다구 한 대 맞겠습니다!

노점 과일 장사의 핵심은 맛과 가격

소비자가 무엇을 구매할 때에는 그것에서 얻고자 하는 혜택이 명확하다. 자동차를 구매할 때는 내가 원하는 시간에 원하는 장소로 마음대로 갈 수 있는 혜택을 원하기 때문이고, 세탁기를 구입하는 이유는 손으로 직접 빨래를 해야 하는 수고로움을 세탁기가 덜어주기 때문이다. 과일도 마찬가지다. 과일이 주는 새콤함과 달콤함을 원하기 때문이다. 아무런 맛이 없는 과일을 돈 주고 사고 싶지 않고, 예쁘고 탐스럽게 생긴 과일이라도 맛이 없으면 아무런 의미가 없다. 돈만 아깝다고 느끼게 될 뿐이다. 소비자가 과일을 사는 첫 번째 이유는 누가 뭐라고 해도 맛있는 것을 원하기 때문이다. 그래서 아무리 노점에서 장사를 한다 해도 과일의 맛을 놓쳐서는 절대 안 된다고 생각을 했다.

가격도 무시를 할 수 없는 부분이다. 소비자들은 똑같은 상품이 어디서 파느냐에 따라 가격의 차이가 있다고 믿고 있다. 같은 상품이 백화점에 있다면 가격이 다소 높아도 '백화점이니까'라는 생각으로 그 가격을 인정해준다. 대형 할인점에 있다면 '당연히 할인점이니까 싸야 한다'라고 생각하고, 편의점에 있으면 '원래 편의점은 비싸니까'라는 생각에 그 가격을 기꺼이 지불하고 상품을 구매한다.

노점에서 과일을 판다고 하면 소비자들은 당연히 싸게 판다고 생각을 한다. 비싸고 좋은 과일을 노점에서 비싸게 팔면 소비자들은 어떻게 생각할까? '이 돈 주고 과일을 살 거라면 차라리 과일 가게에서 사지. 노점이라 맛없으면 반품도 힘들 텐데'라는 생각을 분명히 할 것이다. 그런 소비자의 인식도 장사꾼이라면 당연하다고 인정해야 한다. 나는 노점이라도 최상품을 갖고 왔으니까 최고의 가격을 받겠다는 것은 오직 나만의 생각으로 끝날 수도 있겠다 싶었다.

맛있으면서도 저렴한 과일 고르는 노하우

노점 과일 장사에서 가장 중요한 것은 맛이고, 그다음 중요한 것은 가격이라고 결론을 내렸다. 그렇다면 맛있는 과일을 저렴하게 구입할 수만 있으면 장사의 반은 해결했다 해도 될 것이다.

도매시장에서 과일을 경매 받아 판매를 한다면 무조건 경매 시작 30분 전에 도매시장에 나가서 그날 출하된 과일의 맛을 빠지지 않고 확인을 했다. 이때 예쁘게 생겼고 맛이 좋다면 그 생산자의 비품 과일을 매입하는 것에 집중했다.

과일은 상태에 따라 특, 상, 보통으로 표기하는 경우가 많다. 크기에 따라 특, 상, 중, 하로 표기하는 경우도 있지만 표기 방법은 농가나 출하 지역에 따라, 아니면 작목반에 따라 조금씩은 다를 수 있다. 하지만 도매시장에 자주 나가보면 표기하는 방식을 금방 알 수 있다. '특'은 정품 과일이다. '상'은 약간의 상처가 있어 정품에 들어가지 못한 과일이고, '보통'은 기형적으로 생겼거나 상처가 큰 과일의 등급이라고 보면 된다. 노점 장사꾼에게 가장 적합한 등급은 '상' 등급의 과일이다. 정품인 '특' 등급에 비해 맛은 동일하고 외관도 크게 나쁘지 않은데 약간의 흠이 있다는 이유로 가격이 훨씬 낮게 낙찰이 되기 때문에 맛있는 과일을 싸게 드린다는 것으로 손님들에게 어필할 수 있기 때문이다.

농가 직거래를 통해 과일을 매입하는 경우도 있다. 사과는 과일의 상태에 크게 상관하지 않고 도매시장에 출하를 해도 되지만, 복숭아 같은 경우는 정상 과일만 도매시장으로 출하가 되고 비품은 버려지거나 농가로 비품 과일을 찾으러 오는 전문 장사꾼들에게 넘기는 경우가 많다. 복숭아의 비품이라고 하면 벌레 먹은 과일, 화상을 입어서 과일 껍질이 탁한 과일, 과육이 한창 커나갈 때에 강한 비를 맞아서 과일이 갈라지는 열과 등등의 복숭아를 비품 복숭아로 분류한다. 이런 비품 복숭아는 도매시장으로 출하되지 못한다. 비품 장사꾼들이 없다면 버려지는 경우가 태반이다. 발품 팔아서 이런 농가를 과일 품목별로 섭외를 해놓으면 장사가 수월해진다.

내게 맞는 판매 스킬을 찾아라

도매시장을 통해서든 농가 직거래를 통해서든 맛있는 과일을 저렴하게 구할 수 있게 되었다면 이제는 '어떻게 팔 것인가?' 하는 장사꾼의 스킬이 필요한 순간이다. 지나가는 사람들을 향해 멘트를 날려서 관심을 끌든지, 과일을 산더미처럼 쌓아놓고 사람들의 시선을 잡든지, 봉투 한 장을 손님에게 건네주고 담을 수 있는 만큼 맘껏 담아가라고 물량으로 승부를 볼 수도 있다.

판매 스킬은 자신에게 가장 잘 맞는 방법을 찾는 것이 중요하다. 나 같은 경우는 트리플 A형인 까닭에 현란한 멘트를 날리는 것이 어렵게 느껴졌다. 그래서 찾은 방법이 현수막을 이용한 판매였다. 현수막에 쓴 멘트로는 이런 것들이 있다.

"싸다구요. 진짜 싸다구요. 안 싸면 싸다구 한 대 맞겠습니다!"

"담을 만큼 담으시다가 굴러떨어진 과일은 슬쩍 주머니에 넣으세요. 못 본 걸로 할게요."

"신에게는 아직 맛있고 싼 과일이 열두 봉지가 남아 있습니다."

이런 재미있는 문구로 현수막을 제작하여 사용했고, 여기에 무조건 과일의 맛을 보여주면서 손님들에게 맛있다는 것을 확인시켜주는 전략을 사용했다. 약간의 상처가 있으니 상태를 체크하면서 드시라는 안내도 반드시 해 버려지는 과일이 없도록 했다. 간혹 싸다고 해서 샀더니 흠이 있는 과일이라고 불평을 하시는 분들이 계시기에 과일의 상태에 대해 설명해드리는 것도 서비스라 생각하고 그렇게 안내를 했던 것이다.

보이지 않는 것이 손님을 불러모은다

솔직히 과일에 상처가 조금 있고 없고가 문제는 아니다. 가격이 1,000원 싸고 비싸고도 문제가 아니다. 비록 손님들은 과일을 판매하고 있는 장사꾼의 모습만 볼 수 있지만, 그들이 보고 있지 않을 때 장사꾼이 얼마나 많은 노력으로 준비하고 있는지에 대해서 느낄 수 있다.

내가 새벽에 빈속으로 과일의 맛을 보고 돌아다니면서 몇 번을 화장실을 들락날락하는지, 그 많은 농가를 돌아다니면서 맛있는 흠과들만 골라오기 위해 얼마나 욕을 먹는지까지는 알 수 없지만, 쉽게 쉽게 놀면서 좋은 과일을 싸게 구해올 수 없다는 것 정도는 알아주신다. 때마다 맛있는 과일을 저렴하게 판매하기 위해 새벽부터 돌아다녀야만 갖고 올 수 있다는 것 정도는 알아주신다. 그렇게 악착같이 살려고 하는 모습이 자식 같고, 조카 같고, 동생 같아서 사주시는 것이 아닐까? 새벽에 나가서 과일 맛을 보는 것, 농가를 돌아다니면서 비록 흠과이지만 맛있는 과일을 구입하고자 노력하는 것이 돈을 벌고자 하는 일들이지만, 내 손님들에게 맛있는 과일을 드리고 싶다는 욕심이 없다면 결코 할 수 없는 일일 것이라 생각한다. 그렇게 장사를 잘하고 있다고 스스로에게 칭찬해주고 싶다.

바람에 3만 원이 휘날리다

운수 없는 날

우리가 흔히 알고 있는 여름사과 중에 '아오리 사과'가 있다. 연중 나오는 사과 품종 중에 가장 빨리 나온다. 새콤달콤한 맛은 좋지만, 스펀지 씹는 것 같은 식감 때문에 호불호가 많이 갈린다. 이 아오리 사과의 이름은 일본의 아오모리 현에서 개발된 품종으로 '아오모리(일본의 마을 이름) + 링고(사과의 일본식 발음)'에서 앞글자를 따서 '아오리'라는 이름이 명명되었다.

이 아오모리 현의 '합격사과' 이야기는 다들 많이 알고 있을 것 같다. 1991년 아오모리 현에 태풍이 심하게 불어서 사과가 다 낙과되어 수확량이 평소 대비 3분의 1밖에 되지 않아 농민들이 망연자실해하며 앞날을 걱정만 하고 있었다.

그런데 이 상황을 냉정하게 바라보고 있던 한 농부가 나무에 달려 있는 사과를 보며 태풍에도 떨어지지 않고 견딘 사과에 이름을 붙여주었다. 태풍에도 떨어지지 않은 사과이기 때문에 시험을 준비하는 사람들이 먹으면 시험에서 떨어지지 않는 '합격사과'라는 이름이었다. 가격은 평소 사과 가격의 10배로 책정하고 판매를 했는데 순식간에 판매가 다 되어, 예년 대비 3배의 소득을 올리는 기회가 되었다는 것이다.

위기는 누구에게나 동일하게 온다. 하지만 누군가에게는 상심과 낙오만 남는 시련의 시간이기도 하고, 누군가에게는 새로운 도약과 발전의 기회가 되기도 한다. 주어진 환경이 아니라 헤쳐 나가는 사람의 마음이 더 중요한 것이 아닌가 하는 생각이 든다.

본격적인 무더위가 시작되는 7월 중순. 전날 날씨를 체크해보니 '맑음'이라기에 새벽부터 일찍 나가서 수박을 주력으로 매입했다. 늘 자리 잡는 곳에 전을 펴고 과일을 진열했다. 체육 시설이 갖추어진 공원 앞이었다. 이곳은 아이들을 유모차에 태우고 산책을 하는 젊은 아기 엄마들도 있고, 운동하러 나오신 나이 지긋하신 분들도 꽤 계시는 곳이다. 단골도 잡혀 있는 곳이기에 오전에 전을 펼 때는 오늘 장사가 무난하리라 예상했다.

그런데 이상하게 예상처럼 매출이 나오지 않았다. 오전 10시부터 12시까지의 매출이 보통 하루 매출의 30%는 나오는데 그날은 별 소득 없이 오전 장사가 지나갔다. 오후 12시부터 오후 3시까지는 하루 장사 중 가장 한가한 시간이고, 오후 3시부터 퇴근 시간이 이어질 때까지가 이제 가장 집중해서 장사해야 할 시간이다.

그런데 운이 없게도 바람이 불기 시작했다. 솔직히 노점 장사에는 비도 반갑지 않은 손님이지만, 바람은 비보다 더 반갑지가 않다. 이유는 쳐놓은 천막에 온 신경이 쏠리는 바람에 장사에 집중할 수가 없기 때문이다. 여차하다가는 천막이 뒤집힐 수도 있고, 지나가는 사람에게라도 피해를 주면 난감한 상황이 발생한다는 것을 이미 경험해봤기에 마음이 편하지가 않았다. 무더위가 시작되고 날씨가 좋아 수박이 불티나게 팔릴 거라 예상하고 매입한 수박이 좀처럼 줄어들지가 않았다.

위기는 새로운 아이디어를 만들어낸다

뭔가 새로운 방법이 필요했다. 장사에 골칫거리인 이 바람을 이용해 장사에 도움이 되도록 쓸 수 없을까 하는 데까지 생각이 미치자 생뚱맞게도 갑자기 《삼국지》의 '적벽대전'이 떠올랐다.

조조를 상대로 유비와 손권이 연합해 적벽에서 대치하고 있는 상황에서 모든 전쟁 준비를 완벽하게 마친 연합군에게는 반드시 한 가지가 더 필요했다. 바로 동남풍이었다. 화공을 써야 하는 상황에서 계절적으로 북서풍이 불어오고 적은 북서쪽에 있었기에 화공이 성공하기 위해서는 동남풍이 없으면 이길 수 없는 전쟁이었다. 이때 제갈공명이 칠성단을 쌓고 바람을 바꾸기 위한 기도를 하여 북서풍이 동남풍으로 바뀌어 적벽대전에서 승리할 수 있었던 소설 속의 명장면이 떠오른다는 것이 참으로 신기하기도 했다.

바람 부는 날, 팔리지 않던 수박에 3만 원을 붙이자 모두들 주목하기 시작했다.

제갈공명처럼 바람의 방향을 바꿀 수 있는 재주도 없고, 바람을 멈추게 하는 능력자도 못 되었기에 내가 할 수 있는 것은 이 바람을 어떻게 사용할지 방법을 찾아보는 것밖에 없었다. 수박은 쌓여 있고, 내 주머니에는 만 원짜리 지폐가 있었다.

불현듯 생각난 아이디어. 테이프를 찾아 수박에다가 만 원짜리 지폐를 세 장씩 붙이기 시작했다. 그러자 지폐들이 바람에 휘날리기 시작했다. 내가 봐도 재미있고 멋진 풍경이 연출되고 있었다. 그때부터 사람들이 몰려들기 시작했다.

"야, 여기다 돈은 왜 붙여놨냐?"

"사장님, 돈 떨어져서 날아가면 어쩌려고 이렇게 하셨어요?"

"이 돈, 내가 떼가도 되냐?"

"황 사장, 너 돈 많이 벌었나 보다. 돈으로 장난도 치고."

이것을 보고 재미있다고 관심을 보이는 사람도 허다하고, 지나가는 사람들은 열이면 열, 백이면 백 모두가 내 수박에서 눈을 떼지 못하는 광경이 펼쳐졌다. 당연히 이런 관심과 호기심들은 매출로 이어졌다. 나는 신이 나서 "수박 한 통에 5만 원입니다. 3만 원은 애들한테 과일삼촌이 주는 용돈입니다"라며 설레발을 쳤더니, 하루 종일 좀처럼 줄어들지 않던 수박이 순식간에 사라지는 마술 같은 일이 벌어졌다. 그렇게 하루 장사를 끝내고 집으로 돌아오는 길에 바람에 휘날리던 돈을 생각하니 미친놈처럼 웃음만 나왔다.

'어제는 비가 와서', '오늘은 바람이 불어서', '내일은 폭염에 사람들이 나오지를 않을 거니까.' 매출이 좀처럼 잘 오르지 않는 장사꾼들은 장사가 안되는 이유 찾기에는 너무 실력이 뛰어나다.

하지만 왜 매출이 안 오르는지, 안 오르는 매출을 어떻게 하면 올릴 수 있을지에는 신경 쓰지 않거나 고민을 하지 않는다. 나에게 주어지는 나쁜 조건들을 나쁘게만 생각하고 받아들이면 발전을 기대하기는커녕 내가 하고 있는 일을 빨리 포기하게 된다.

반대로 이 나쁜 조건을 좋은 기회로 만들 방법을 찾고자 노력한다면 문득문득 떠오르는 아이디어가 손님들에게 재미를 주고, 내가 파는 과일에 관심을 갖게 만들고, 그러면서 자연스럽게 매출이 올라가기 마련이다.

아오모리 현의 '합격사과'를 만든 농부를 기억하기를 바란다. 그보다는 못했지만, 바람에 휘날리는 3만 원의 아이디어도 기억했으면 좋겠다. 이런 아이디어들이 있음을 기억하며 나에게 오는 위기를 어떻게 기회로 만들까 늘 고민하고 방법을 찾다 보면 불현듯 떠오르는 생각들이 소비자들을 즐겁게 만들고, 내 장사에서는 완판의 기회를 만들어줄 것이다. 그렇게 기회는 준비하고 있는 사람만이 누릴 수 있는 행운이고 축복이라고 나는 믿는다.

잦은 신고와 단속에 전을 펴지 못하다

"형, '1+1=2'가 아니야!"

동생의 권유로 과일 장사의 길로 들어서면서 나름의 기대도 있었지만 닥친 현실이 녹녹치 않아 걱정이 되는 마음도 솔직히 컸다. 그런 마음을 동생은 알고나 있다는 듯 걱정하지 말라고 다독여주었다. 역시 과일 장사에서만큼은 선배의 여유가 있어 보였다.

매주 요일마다 정해진 노점 자리에 과일을 펴고 장사를 했는데, 동생은 혼자 할 때보다 2배가 아닌 3~4배의 물량을 매입하는 것이었다. 초보인 나는 이렇게 많은 것을 다 팔 수 있을까 걱정이 되었지만, 동생이 하는 것을 지켜보고만 있을 뿐이었다.

동생은 "형, 1+1=2라는 것은 말 그대로 산수에서나 적용이 되는 거야. 사람과 사람이 만나서 시너지를 내면 두 명의 성과가 아닌 서너 명의 성과를 낼 수 있어. 그 이상의 시너지도 충분히 낼 수 있는 것이고"라고 말하며 걱정 말라는 듯이 안심을 시켜주었다.

동생의 말이 무엇인지는 장사를 하면서 알게 되었다. 그동안 배달을 해달라는 손님들의 요청이 많았는데 혼자 장사를 하다 보니 배달을 해주지 못하고 그냥 보냈던 손님이 많았던 것이다. 하지만 나와 함께하면서부터 배달해달라는 부탁을 거절하는 경우가 없어져서 매출이 50%나 상승했다.

가끔 사과나 참외를 산더미처럼 쌓아놓고 장사를 하는 장사꾼을 보면, 과연 그 많은 과일이 다 팔리기나 하는 것인가 의문이 들곤 했다. 그런데 어느 날 동생이 오렌지 산을 만들어놓았다.

동생은 봉지를 손님들에게 나누어드리며 담을 만큼 알아서 담아가시라고 했다. 아주머니 서너 명이 오렌지 앞을 둘러싸고 고르고 있으니 길 건너편에서 신호를 기다리는 사람들의 시선이 오렌지를 고르고 있는 아주머니들에게 고정이 되어 있었다. 신호가 바뀌자 건너편에 있던 사람들이 우르르 몰려 와서는 서로 봉지를 달라고 했다.

순식간에 오렌지가 동나는 모습에 어안이 벙벙한 나를 보곤 동생이 한마디 했다.

"형, 과일이 산처럼 쌓여 있으면 솔직히 싸지 않아도 손님들은 싸다고 생각하고 사가게 마련이거든. 물량이 많으면 그 많은 물량이 알아서 팔려나가는 게 과일 장사야. 거기에 사람이 서너 명만 붙어 있으면 또 손님이 손님을 불러주는 게 과일 장사라고."

그렇게 과일이 알아서 팔려나가고 손님이 손님을 불러들여 매출이 100%나 상승되었다. 이런 게 장사의 재미라는 것을 알게 되는 순간이었다.

'불티난다'는 말을 몸소 경험하다

평소에 알면서도 제대로 적용시키지 못했던 동생의 장사 수완이 나를 만나면서 제대로 적용이 되어 갔다. 과일을 깔고 나면 동생은 바로 차를 몰고 옥천, 영동, 무주를 한 바퀴 돌고 왔다. 흔히 기스 복숭아라고 하는 못난이 복숭아를 농가를 돌면서 싸게 매입해오는 것이었다.

제대로 된 상품의 복숭아보다 가격이 3분의 1도 되지 않는데 맛이 그것들보다 더 좋았다. 햇볕을 너무 받아 복숭아가 갈라져 상품성이 없어진 것들이다. 그날 밭에서 딴 복숭아를 갖고 왔으니 신선함 역시 좋았다. 다만, 보관이 오래되지 않으니 빨리 먹어야 한다고 손님들에게 꼭 말씀드리며 싸게 팔면 순식간에 복숭아가 동나버렸다.

며칠을 그렇게 하고 나니 동생이 복숭아를 싣고 오는 시간을 대충 알게 된 손님들이 오히려 줄을 서서 기다리는 모습까지 나타나게 되었다. 애초에 '잘될까?'라고 생각했던 내 생각은 동생 말대로 쓸데없는 걱정이었다. 그렇게 동생과 시작한 장사는 내가 볼 때는 신세계였고, 왜 진즉에 하지 않았는지 후회가 될 정도였다. 불티난다는 말을 내가 경험해볼 줄은 불과 며칠 전만 해도 상상도 못 했던 터였다.

장사의 베테랑과 이벤트의 베테랑

동생이 그렇게 자신의 장사 실력을 뽐내고 있다면 나도 뭔가를 해야 했다. 역시 나는 이벤트의 달인이었다. 노점 장사였기에 엄마가 아이들을 데리고 다니는 경우도 있었지만, 할머니들이 손주들을 데리고 다니는 경우도 많았다.

어찌 되었든 아이들이 함께 오면 나는 투명한 돼지저금통에 100원짜리 동전을 넣어 행복돼지 선물이라며 건네주었다. 열심히 저축해서 꼭 부자 되라는 말을 함께해주면 엄마나 할머니들이 너무 좋아해주셨다. 저렴하게 아이들의 장난감을 살 수 있는 도매 사이트에서 아이들이 좋아할 만한 장난감을 사서 선물해주기도 했다. 아이들의 마음을 잡고자 노력을 많이 했다. 저기서 과일을 사면 장난감 주는 곳이라는 인식을 심어주기 위해서였다.

그리고 노점 장사의 특성상 50~60대 어머니 손님들이 많았기에 재활용 종량제 봉투에 담아서 과일을 건네주면 그렇게들 좋아하셨다. 핸드폰 가게를 하면서 손님들에게 반응이 좋았던 이벤트들을 노점 장사에도 적용을 해보니 잘 맞아떨어지기도 했다. 비가 예보된 날이면 우산을 여러 개 준비했다가 우산을 빌려주는 이벤트를 하면 다음 날이든 다음 주든 우산을 꼭 돌려주러 오시면서 과일을 사주셨다.

추운 겨울이면 손난로를 선물로 주었다. 사실 대량으로 구매하면 100원 남짓이면 살 수 있는 것들이었다. 이렇게 장사의 베테랑과 이벤트의 베테랑이 만났으니 매출은 쑥쑥 올라가고 꽤나 괜찮은 수입에 장사의 매력에 푹 빠지게 되었다.

생각지도 못했던 복병, 단속반 앞에서

그렇게 짧은 시간에 매출이 급상승하면서 신나게 장사를 하고 있는데 전혀 생각하지 못했던 일이 발생했다. 주변의 과일 가게에서 구청으로 계속 민원을 넣었던 것이다. 노점에서 장사를 하는데 왜 단속을 하지 않느냐는 신고였다. 과일을 깔고 장사를 시작할 만하면 단속반이 나와서 빨리 접고 들어가라는 것이었다.

동생이 혼자 장사를 할 때는 주변 과일 가게 사장님들이 '노점에서 팔면 얼마나 팔겠어?'라고 생각해주면서 신고를 하지 않았는데 내가 함께하면서 물량도 과일 가게보다 더 많고 매출도 더 많아지다 보니 그냥 먹고살라고 놔둘 수가 없었던 것이다.

단속반도 그랬다. 동생이 혼자 할 때에는 조금 갖고 와서 작게 자리를 펴고 장사를 해서 봐도 못 본 척 넘어가 주는 경우가 많았는데 이렇게 크게 장사를 하면 도저히 그냥 못 본 척 해줄 수가 없다는 것이었다.

그래도 먹고살겠다고 단속반에 버티다 보면 계고장을 받게 되고, 계고장을 받고도 시정이 되지 않으면 고액의 과태료를 내야 하니 마냥 버틸 수도 없는 노릇이었다. 내가 처음 겪는 일이라 단속반과 언성이 높아질 것 같으면 경험이 많은 동생이 내 옷소매를 잡아당기면서 참아야 한다고 귓속말을 해주었다. 단속반한테는 최대한 협조를 해줘야지 다음에 조금이라도 봐줄 여지가 생긴다고 무조건 참고 자리를 정리하자고 알려주었다.

그렇게 신나게 장사를 하던 페이스가 무너지면서 다른 방법을 찾아야 했다. 둘이 떨어져 각자 장사를 하는 방법이 있었지만 '2-1=1'이 아니었다. '2-1=0.1'이 되는 것을 누구보다도 잘 알고 있는 동생은 어떻게든 둘이 함께 움직일 수 있는 방법을 찾아야 한다고 했다. 그렇게 하려면 방법은 매장을 차리는 것밖에 없었다.

비록 노점이었지만, 많이 만들어놓은 단골손님들을 놓치는 것이 가장 아까웠다. 그렇다고 주위에서 과일 가게를 하는 사장들이 봐줄리 만무하기에 어쩔 수 없이 등 떠밀려 가게를 차려야 했다. 동생과의 장사에서 첫 번째 위기는 이렇게 찾아왔다.

3장

과일대통령의
월 매출 1억 올리는
장사 비법

로또복권으로 손님과의 거리를 좁히다

가게를 차리긴 차렸는데……

노점 장사를 제대로 할 수 없어 가게는 차렸는데 매출이 좀처럼 오르지 않았다. 5일장이 서는 유성시장 입구에 위치해 있고, 유성 번화가에서 고속버스터미널을 잇는 도로변에 있어서 유동인구가 그렇게 적지도 않은 곳에 가게를 차렸는데 하루 매출이 적으면 5만 원, 많으면 10만 원 정도 나오고, 장날이나 되어야 한 30~40만 원 정도의 매출이니 한 집에서 갖고 가도 턱없이 부족한 수입을 동생과 나누어야 했다.

내가 가게에서 장사를 하는 동안 동생이 노점 장사를 계속하여 좀 더 갖고 갈 수는 있었지만, 둘이 노점 장사를 할 때와 비교해보면 수입이 반토막 나 있었다. 과일대통령이라는 상호를 걸었기에 좋은 과일을 준비하려니 가격이 다소 높은 과일을 매입하게 되었다. 정성스럽게 진열을 했지만, 비싸다는 말을 하며 손님들이 지갑을 열지 않았다.

시장을 끼고 있는 다른 과일 가게들은 적당히 맛있는 과일을 저렴한 가격에 팔고 있으니 그 수준에 맞추어진 소비자들의 눈높이에서 내 과일의 가격이 비싸다고 하는 것도 당연했다. 그래서 나는 그렇게 생각하지 않았지만 손님들이 비싸다고 하니 비싼 것을 내가 가지고 있는 첫 번째 문제점으로 진단했다.

그리고 내가 준비한 과일이 다른 가게의 과일보다 맛있다는 확신과 자신감이 있지만 이것을 손님들은 모르고 있다는 것을 두 번째 문제점으로 진단했다. 문제점을 파악했으니 이제는 답을 찾으면 될 일이었다.

누구나 좋아하는 것으로 해결하자

가끔 공원에 가거나 야외에 나가면 풀밭에 어른과 아이들이 어우러져 무언가를 열심히 찾는 광경을 목격하곤 한다. 궁금해서 옆에 가서 보면, 무수히 널려 있는 세잎클로버 속에서 네잎클로버를 찾는 사람들이다. 그들을 보고 있다가 나도 모르게 그들과 동조되어 네잎클로버를 찾던 기억이 있다. 네잎클로버가 '행운'이라는 꽃말을 갖고 있기에 행운을 갖고 싶은 마음에 열심히 네잎클로버를 찾는 것이다.

되짚어 생각해보면 우리의 삶이 그만큼 건조하고 각박하다는 것이 아닐까? 반복되는 일상과 바쁘게 돌아가는 일상, 경쟁 속에서 살아남아야 하는 불안함과 옆 사람보다 늦으면 안 된다는 초조함에 둘러싸여 지내다가 정말 행운을 줄지도, 안 줄지도 모른 채 '행운'이라는 꽃말 하나 믿고 네잎클로버 찾기에 그렇게 열중이지 않나 싶다.

우리의 일상에서 행운을 바라는 또 하나의 네잎클로버가 있다. 바로 로또복권이다. 8,145,060분의 1의 당첨 확률이니 거의 당첨될 확률은 없다는 것은 누구나 알고 있다. 하지만 그걸 알면서도 많은 사람들이 로또복권을 사며 1등 당첨의 꿈을 꾼다. 알면서도 로또복권을 사는 이유는 사본 사람이라면 누구나 알고 있을 것이다.

월요일 아침에 로또복권 한 장을 사면 추첨을 하는 토요일 저녁 시간까지 우리가 누릴 수 있는 행복이 있다. 바로 1등의 행운이 나에게 올지도 모른다는 기대감의 행복 말이다. 중요한 것은 로또복권을 싫어하는 사람이 없다는 것이다.

일부러 돈을 주고 사야 하는 것이라면 요행을 바란다고 싫어하는 사람이 있을 수는 있지만, 그냥 공짜로 준다고 하면 상황은 달라진다. 누구나 좋아한다. 정말 100이면 100 다 좋아한다. 이 복권을 손님들에게 나누어주기로 결정했다.

서먹했던 손님과의 거리가 좁혀지다

장사 경험이 있는 분들이라면 다들 알겠지만, 거래하는 과정에서 어색한 경우가 많이 있다. 말없이 이 과일 저 과일 들었다 놨다 하는 손님도 있고, 멀찌감치 떨어져서 과일을 쳐다보고만 있는 사람도 있다. 얼마냐고 물어봐서 가격을 말해주면 비싸다고 하고, 좀 저렴한 과일을 권해드리면 맛이 덜할 거 아니냐고 하는 분들이 많다. 마음에 들지 않으면 그냥 가셨으면 좋겠는데 쉽게 가시지도 않는 손님들도 계신다. 이런 애매한 상황이 초보 장사꾼인 나에게는 가장 난감했다. 하지만 로또복권을 손님들에게 드리고 나서부터는 이런 애매한 상황이 없어졌다. 더 좋은 것은 손님과 급격히 친해지는 계기가 되었다는 것이다.

만 원짜리 사과를 사시는 분들에게도, 3,000원짜리 바나나를 사시는 손님들에게도 로또복권을 나누어드렸다. 그러자 정말로 손님과 농담처럼 말을 주고받아도 아무런 거리낌이 생기지 않는다는 놀라운 변화가 생긴 것이다.

"뭐가 남는다고 이런 걸 줘?"

"주변에 과일 가게가 널려 있는데 저한테 와주셨잖아요. 감사해서 드리는 거죠."

"나 1등 되면 어떡하려고?"

"어머니, 1등 되시면 그건 어머니 복이세요."

"이봐, 젊은 사장. 내가 1등 되면 반 줄게. 진짜 줄게."

"반까지는 안 주셔도 되는데, 부탁은 하나 있어요."

"뭔데? 얼른 말해봐."

"지금 가게가 8평이니까 15평으로 옮겨주시면 감사할 것 같아요."

"사람이 소박하기는. 그 정도는 내가 들어준다. 하하!"

이런 대화가 아주 자연스럽게 나오면서 손님이 즐거워했고, 서서히 이분들이 한 번 두 번 방문해주시는 횟수가 늘어났다.

일단 맛을 보여야 한다

이렇게 손님이 조금씩 늘어나는 것을 보면서 이 손님들을 확실히 내 단골손님으로 만들어야 했다. 당시에는 과일은 무조건 맛있어야 한다고 생각했다. 과일이란 것은 가격이 싸면 맛있어야 하고, 비싸면 최고 맛있어야 한다는 것을 진리처럼 믿고 있었다. 그리고 맛에 대해서는 자신을 하고 있었다.

새벽 4시 30분에 경매가 시작되는데 4시에 나가서 출하된 과일 중에 가장 맛있는 과일을 사왔기 때문에 나보다 맛있는 과일을 갖고 있는 사람이 없었다. 다른 루트를 통해서 더 맛있는 과일을 준비하고 있는 과일 장사꾼이 있다는 것은 좀 더 경험을 쌓은 후에 알았지만, 그때는 내 과일이 최고라는 근거 없는 자신감이 충만했었다.

과일에 대한 자신감은 장사에서 큰 무기가 된다. 사람들이 자신감 있는 장사꾼을 신뢰하기 때문이다. 맛에 자신이 없어 머뭇거리다 보면 손님은 이미 저만치 가고 있는 경우가 많다. 어쨌든 이 맛있는 과일들을 아깝다 생각하지 않고 맛이 궁금한 손님들에게는 아낌없이 잘라서 맛을 확인해드렸다.

궁금해하지 않는 손님에게도 일단 드셔보시고 사시라고 맛을 보여드렸다. 일단 맛을 본 손님들은 대부분 맛에 만족을 하고 과일을 구매하셨다. 그리고 간혹 "괜찮기는 한데 엄청 맛있지는 않아. 그래도 맛은 봤으니 하나 줘봐"라며 사주기도 했다. 맛을 보고 사지 않고 그냥 지나친 손님은 돌아오는 길에 들러서 과일을 사주었다.

"안에 들어가 봤더니 맛 보여주는 데가 별로 없어", "다른 데서도 맛을 봤는데 여기가 제일 낫네"라고 하시며 사주셨다. 이렇게 맛을 보고 사신 손님들이 늘어나면서 가격이 다른 가게보다 조금 높아도 서서히 매출이 상승곡선을 그리고 있었다.

매출이 늘 10만 원이었다고 쳐도 내가 가져갈 수 있는 모든 경비가 빠지지 않은 상태에서 이익은 기껏 벌어야 3만 원이다. 하지만 1,000원짜리 로또복권이지만 하루에 10장씩을 손님들에게 나누어 주었으니 하루 이익 3만 원 중에 33%를 손님에게 돌려준 셈이다.

누군가에게 로또복권을 줘보라고 하면 지금 당장 나 먹고살 돈도 없는데 어떻게 손님에게 로또복권을 주냐고 반문하는 사람들이 있다. 하지만 지금껏 내가 경험해봤고, 선배들이 경험했던 이야기를 들어보면 얻고 싶으면 먼저 주라는 것이다. 경전이 되었든 고전이 되었든 공통적인 가르침은 뿌린 대로 거둔다는 것이다. 로또복권을 사지도 않으면서 1등을 꿈꾸는 사람들. 눈을 감고 있으면서 별이 보이지 않는다고 하는 사람들. 다른 사람에게 먼저 다가가지 않으면서 상대방이 오기를 바라고 있는 사람들이 우리 주변에 얼마나 많은지 곰곰이 생각해볼 일이다.

손편지로 손님을 나에게 끌어당기다

남는 것은 시간밖에 없었다

오전 9시에 가게 문을 열어서 오후 10시에 가게 문을 닫았다. 하지만 손님은 많이 와야 하루에 10명 남짓이니 손님 한 분을 응대하는 시간을 길게 잡아 3분이라고 해도 하루에 30분 정도가 손님과 함께하는 시간이다. 매입해온 과일을 포장하고 진열하는 시간이 대략 한 시간 정도였고, 매장을 청소하는 시간이 15분 정도였으니 일하는 시간은 길게 잡아도 두 시간 남짓이다. 나머지 열한 시간이 잉여 시간이 되는 것이었다. 시간이 많아서 좋을 것 같다고 생각을 한다면 그건 정말 모르고 하는 소리다.

하루에 11시간씩 특별히 하는 일도 없이 시간을 보내야 한다는 것이 얼마나 고통스러운 일인지는 겪어보지 않은 사람은 모른다. “남는 시간에 책을 보면 되지?”, “영화를 보면 되지?”라고 말할 수도 있겠지만, 돈을 벌어야 하는 사람이 돈을 벌지 못하고 있는데 책이 손에 잡힐 리가 없고, 영화가 재미있을 리가 없다. 말 그대로 시간을 죽이는 것이고, 나의 영혼도 함께 죽어가는 시간이다. 가게 보증금도 어머니의 임대아파트 보증금을 담보로 대출을 받아서 해결을 했으니 돈은 벌어야 하는 것이지 마케팅을 하겠다고, 광고를 하겠다고 써야 할 돈이 아니었다. 그렇게 쓸 돈도 물론 없었다. 내가 가진 것이라고는 오직 시간뿐이었고, 쓸 수 있는 것도 시간뿐이었다.

이때부터 편지를 쓰기 시작했다. 하루에 30통을 썼다. 미리 준비해둔 로또복권을 끼워 봉투에 넣고 가게에 오셔서 과일을 사는 손님들에게 드렸다. 3,000원짜리 바나나 하나를 사는 손님이라도 아끼지 않고 드렸다. 그렇게 100일 동안을 정말 빠지지 않고 하루에 30통씩을 써서 총 3,000통의 편지를 썼다. 지금 생각해보면 끈기와 오기의 시간이었고, 당시로 생각하면 절박함과 간절함의 시간이었다.

손편지로 3개월 만에 매출이 10배 상승하다

로또복권이 들어 있는 것으로 알고 있던 봉투를 열어본 손님들은 나의 정성스런 편지를 읽고 너무들 좋아해주셨다. 어느 손님은 신랑하고 연애할 때도 받아보지 못한 편지를 과일 가게 사장님한테 받아본다고도 하시고, 어느 손님은 어렸을 때 편지를 주고받던 펜팔친구가 생각나는 추억여행을 했다며 좋아해주셨다. 필체가 좋다고 해주시는 분들도 계셨고, 편지의 내용을 보시며 사장님의 진심을 느낄 수 있어서 단골이 안 될 수가 없었다고 해주신 분들도 계셨다. 그렇게 가게를 차려놓고 매출이 오르지 않아 하루하루가 걱정뿐이었는데 손님들에게 편지를 드리면서 서서히 걱정이 줄어들기 시작했다. 손님들이 '이 정도의 정성으로 편지를 쓸 정도이면 과일을 준비하는 데에는 얼마나 신경을 썼을까'라고 생각을 많이 해주셨던 것 같다. 그렇게 편지를 받으신 손님들이 단골이 되어주셨다.

하루 매출이 적으면 5만 원, 많으면 10만 원이던 것이 딱 100일 만에 일평균 매출 80만 원으로 급상승했다. 내가 들인 것이라고는 남아도는 시간밖에 없었다. 그 시간을 어떻게 쓰느냐가 얼마나 중요한지를 깨닫게 되는 경험이었고, 손님에게 장사꾼의 마음이 오롯이 전달이 되면 손님들은 기꺼이 단골이 되어준다는 것을 알게 되는 순간이었다. 손님에게 즐거움도 드려야 하고 좋은 정보도 드려야 하지만, 더 중요한 것은 마음을 드려야 하는 것이 아닐까?

손편지 1

안녕하세요. 고객님!

과일대통령지기 황 의 석 인사드려요.

먼저, 많고 많은 과일 가게 중에 저희 가게를 찾아 주셔서 진심으로 감사드립니다.

고객님께서는 저희 과일대통령의 귀한 분이시라는 것을 언제나 기억하겠습니다.

오늘 제가 고객님께 건네드린 것은 과일이지만,
그 안에는 기르고 가꾼 농부의 정성의 담겨 있고
유통을 시키는 저의 희망이 담겨 있습니다.
무엇보다 맛있게 드실 고객님의 즐거움이 담겨 있지요.

그리고 제가 고객님께 받은 것은 돈이지만,
그 안에는 고객님의 수고로움과 땀방울이 담겨 있음을 알기에
어떻게 하면 정성을 다할까 하는 마음이 앞서지만,
게으름 피우지 않고 맛있는 과일을 준비하는 것으로 그 마음을 대신하겠습니다.

아직 부족한 점이 많은 과일대통령이지만
고객님께서 아껴주시고 응원해주신다면
바르게 장사하는 모습으로 꼭 보답드리겠습니다.

저의 단골손님이 되어주시길 진심으로 소망합니다.

늘 건강하시고 행복하시길 바라오며
과일대통령지기 황의석 드림

손편지 2

안녕하세요. 고객님!

과일대통령지기 황 의 석 인사드려요.

맛있는 과일을 준비해야 하는 것은 제가 할 일이고, 그것을 선택해 주시는 것은 고객님께서 하실 일입니다. 다만, 저는 고객님께 좋은 선택을 받기 위해 제 일에 최선을 다할 뿐입니다.

긴 세월은 아니지만 짧지도 않은 세월을 살아오면서 무엇엔가 미쳐본 적이 없습니다. 그냥저냥 타협하며 그럭저럭 살아 온 것 같습니다. 하지만, 나이가 들고 아이들이 커가면서 내가 이러면 안 되겠다는 생각이 들더군요. 꿈 없이 살아가는 모습을 다른 사람은 몰라도 아이들에게만은 보여주고 싶지 않았습니다.

제가 '과일대통령'이란 과일 가게를 합니다. 남들처럼 쇼맨십이 뛰어나서 "과일 사세요. 맛있고 싱싱한 과일 사세요"라고 외칠 수만 있다면 얼마나 좋을까란 생각을 해 보지만 그런 깜냥도 없다는 것을 알기에 다른 방법을 찾아 미쳐보고 싶었습니다. 그것이 고객님께 드리는 이 편지입니다.

주어진 일과 해야 할 일이, 하고 싶은 일이 될 수 있도록 요령 피우지 않고 해보겠습니다. 그래서 아이들에게는 멋진 아빠로, 고객님들께는 성실하고 정직한 장사꾼의 모습으로 남도록 최선을 다하겠습니다.

저의 단골손님이 되어 주시길 진심으로 소망합니다.

늘 건강하시고 행복하시길 바라오며
과일대통령지기 황의석 드림

손편지 3

과일 한 알이 영글기 위해

달이 통째로 필요하고

지구가 통째로 필요하고

태양이 통째로 필요합니다.

하물며,

과일대통령을 향한 고객님의 마음을 영글기 위한

이른 새벽의 일어남이 귀찮을 수 없고

늦은 밤의 고단함에 피곤하다 투정 부릴 수 없습니다.

저의 마음은

고객님의 마음에 오롯이 닿을 수 있도록

멈추지 않고 늘 고객님을 향하겠습니다.

과일 가는 곳에 마음 담아 보냅니다.
과일대통령 황의석 드림

행복돼지로 손님을 내 울타리에 가두다

틈새시장 파고들기

대학교를 중도에 그만두고 돈을 벌기 위해 일자리를 알아보고 있을 때였다. 일자리를 찾고 있을 때지만 수입이 없으면 생활이 안 되었기 때문에 밤에 아르바이트로 대리운전을 하고 있었다.

지금이야 TV나 라디오에서 대리운전 광고가 많이 나와서 고객이 직접 대리운전 회사에 콜을 요청하지만, 당시에는 식당이나 주점 등 업소에서 대리운전 회사로 콜을 요청하고 현장에 있는 대리운전 기사들에게 오더가 떨어지면 운행을 하는 초창기 시기였다.

그렇게 대리운전 기사로 아르바이트를 하다 보니 업소로부터 콜만 확보하면 나도 대리운전 회사를 운영할 수 있겠다는 생각이 들었다. 생각이 들고 가능성이 조금이라도 보이면 빠른 실행으로 옮기는 것이 최대의 장점인 나는 바로 실행에 들어갔다. 손님들을 바르게 모시고 운전을 바르게 하겠다는 생각으로 상호를 '바른콜 대리운전'으로 정하고 영업을 시작했다. 하지만 이미 단골업소를 확보하고 있는 기존의 대리운전 회사들의 탄탄한 조직력과 빠른 응대 서비스를 따라잡는다는 것이 쉽지가 않았다. 틈새를 노려야 했다. 손님들이 원하는 서비스가 무엇일까? 업소에 어떤 이익을 줘야지 콜을 나에게 줄까를 고민하기 시작했다.

적립식 돼지저금통이 탄생하다

술, 담배, 도박, 게임의 공통점이 있다. 맞다. 누구나 다 알고 있는 중독성이 강하다는 것이다. 이 중독성을 내가 하는 사업에 접목을 시켜서 고객들로 하여금 나에게 빠져들게 만들면 사업이 쉬워질 것이라 판단을 했다. 그리고 어떤 아이템이 중독성이 있을까를 고민하고 있는데 책상 앞에 놓인 저금통이 눈에 들어왔다.

추억의 빨간 돼지저금통이었다. 불현듯 무릎을 탁 치게 만드는 아이디어가 떠올랐다. 각 업소마다 돼지저금통을 놓아주고 적립금을 직접 넣어주면 될 것 같았다. 그런데 돼지저금통이 불투명해서 적립금이 눈에 보이지 않으면 아무런 효과가 없을 것 같았다. 그래서 돈이 쌓이는 것이 눈에 보이도록 투명한 돼지저금통을 각 업소마다 놓아주고 적립금은 100원짜리 동전으로 넣어주었다. 쌓이는 속도를 빠르게 해서 돈이 쌓는 것이 금방금방 확인될 수 있도록 하기 위해서였다. 효과는 폭발적이었다. 업소 사장님들의 반응은 크게

단골손님들의 마음을 사로잡은 행복돼지가 우리 매장을 가득 채우다.

관심이 없거나 시큰둥했지만, 업소 직원들을 공략한 것이 딱 맞아떨어졌다. 돼지저금통에 돈이 쌓이면 돼지를 잡아서 직원들끼리 회식을 하라는 콘셉트로 직원들을 공략하자 내가 주 무대로 뛰고 있는 상권의 대리운전 콜들이 쏟아지기 시작했다.

한 번 탄력을 받으니 많은 업소들이 돼지가 너무 작다고 큰 돼지저금통을 준비해달라는 요청을 해왔다. 내 서비스를 사용하는 고객들이 돼지저금통을 큰 걸로 준비해달라는 요청은 앞으로 나에게 더 많은 콜을 불러주겠다는 것이 아니겠는가. 말 그대로 적립식 돼지저금통에 대한 중독효과가 제대로 나타나고 있었다. 이후로 내가 하는 모든 일에는 항상 돼지저금통이 함께하게 되었다. 그리고 적립식 돼지저금통을 늘리는 것이 내가 하는 일의 가장 큰 목표가 되었다.

행복돼지는 과일 가게에 딱이다

'구슬이 서 말이라도 꿰어야 보배'라는 속담이 있다. 아무리 훌륭하고 귀한 것이라도 잘 다듬어 쓸모 있게 만들어야 값어치 있다는 것을 강조하는 속담이다.

로또복권과 손편지로 단골손님이 늘어나면서 매출도 많이 올랐고, 생활도 안정이 되어가는데 늘 머릿속에 남아 있는 불안함이 있었다. '과연 이 단골손님들이 영원한 나의 단골손님이실까? 이분들이 다른 가게의 단골이 되어 내 장사가 안되면 어떻게 되나?' 하는 불안감이었다. 그런 불안감을 해소하기 위해서는 단골손님들을 잘 관리할 수 있는 시스템이 필요했다. 여기에 적립식 돼지저금통을 다시 활용하기로 하고, 이름을 '행복돼지'라고 붙였다.

손님들이 행복돼지 회원으로 등록을 하면 회원 이름의 행복돼지를 만들어 매장에 진열을 한 후에 과일을 살 때마다 구매금액의 2%를 동전으로 행복돼지에 적립을 해주는 것이다. 그렇게 행복돼지가 적립금으로 반 이상 차게 되면 손님에게 행복돼지를 분양해드리고 매장에 새로운 행복돼지를 만들어 진열하는 방식이다.

때문에 행복돼지는 소비 주기가 빠른 과일 가게에 정말 최적화되어 있는 고객 관리 아이템이지만, 정육점, 미용실, 네일숍, 반찬전문점 등등 주기적으로 고객들이 방문하는 매장이거나 치킨, 피자, 족발 같은 배달 업종에서 단골을 꼭 확보해야 하는 매장이라면 반드시 시도해볼 만한 아이템이라는 것을 강조하고 싶다.

행복돼지 만들기를 반드시 해야 하는 이유

행복돼지가 과일 가게를 하는 나에게 어떻게 도움이 되고 있는지 몇 가지 예를 들어 보겠다.

첫째, 사람들의 호기심을 불러일으킨다. 매장 앞을 지나가는 사람들이 내 매장에서 눈을 떼지 못하면서 지나가는 것이 보인다. 들리지는 않지만 '어머, 저게 다 뭐야?'라고 말하며 지나가고 있는 것 같다. 내 매장을 돈 안 들이고 홍보해주는 역할을 한다.

둘째, 매출에 직접적인 영향을 미친다. 호기심을 갖고 있던 사람들이 결국에는 매장에 들어와서 과일을 사면서 도대체 저 많은 돼지 저금통이 뭐냐고 물어보신다. 그때에 회원들에게 적립을 해드리는 저금통이라고 말해드리면 "아~" 하시면서 궁금증을 해결하신다. 신규고객을 창출하는 역할을 톡톡히 해주고 있다.

셋째, 내가 굳이 장사를 하지 않아도 행복돼지가 장사를 해준다. 매장에 남아 있는 자투리 공간까지 행복돼지가 가득하고 그마저도 부족해서 진열이 안 된 행복돼지들을 보면서 손님들은 '회원이 이렇게 많아? 이 과일 가게 정말 맛있나 봐. 이렇게 회원이 많은 것을 보니'라는 생각을 하신다. 그러니 내가 굳이 과일이 맛있다고 입 아프게 설명을 하지 않아도 믿고 구매를 해주는 경우가 많다.

넷째, 이게 가장 중요한 포인트다. 내가 집중해서 관리해야 하는 단골손님이 내 눈으로 파악이 된다는 것이다. 만들어진 지 오래되었어도 좀처럼 동전이 쌓이지 않는 행복돼지가 있는 반면에, 오래되지 않았는데도 금방 금방 쌓이는 저금통이 있다. 내가 집중해야 하는 손님이시다. 오래되었고 여러 번 행복돼지가 분양되었음에도 꾸준히 쌓이는 저금통이 있다. 내가 초집중해야 하는 VIP 단골손님이시다. 이 외에도 여러 가지 도움이 되는 것이 많다는 정도로만 말하겠다. 직접 해보면 느끼는 것들이 더 많은 것 같기 때문이다.

행복돼지가 생각처럼 빨리 늘어나지 않는다고 실망하고 포기하면 안 된다. 모든 일이 그렇듯이 탄력을 받아야 한다는 것이 딱 맞는 말인 것 같다. 행복돼지 한 마리를 놓고 봐도 동전이 바닥에 깔렸을 때는 손님이 매장에 찾아오는 빈도수가 많지 않지만, 어느 정도 동전이 쌓이면 쌓는 재미에 과일을 사러 오는 빈도수가 높아진다.

전체적으로 늘어나는 행복돼지의 마리 수도 마찬가지다. 처음에는 몇 마리 되지 않아서 소비자들의 주목을 받지 못하지만, 한 벽면이 행복돼지로 채워지면 그다음부터는 늘어나는 속도가 눈에 보이게 빨라진다. 그만큼 유입되는 단골손님이 많아진다는 것이다. 그러니 포기하지 말고 한 마리 한 마리를 소중하게 생각하며 늘려나가기를 바란다. 타깃 고객을 단골손님으로 만들고, 행복돼지로 그 단골손님을 내 울타리에 가두어둔다면 장사는 쉬워질 것이고, 오랫동안 유지하는 힘이 되어줄 것이라 믿는다. 행복돼지를 만든 사람으로서 하고자 하는 사업에 꼭 적용해보시기를 권하고 싶다.

캐시백 박스로
손님을 키우다

무엇이 아깝고, 무엇이 즐거운가

사람들은 주위에서 흔히 공짜로 구할 수 있거나 많이 갖고 있는데 현재 시점에서 그것들이 없어서 아쉬운 것들이거나 돈을 내지 않고 해왔던 일들에 대해서 돈을 지불해야 하는 것에 돈 쓰기를 아까워하는 것 같다. 반면에 생각하지도 않은 돈이 들어오는 것은 사람의 기분을 한층 업시켜준다.

가령, 길거리에서 500원짜리 동전을 주웠다거나 자판기에서 음료를 구입하고 잔돈 반환 버튼을 눌렀는데 200원 정도 더 오버해서 나왔다면 '와, 오늘은 운이 좋은데'라며 즐거워진다. 금액의 많고 적음은 그렇게 중요하지가 않다. 사람들의 이런 아까움과 즐거움에서 장사꾼으로서 돈을 벌 수 있는 기회가 여기에 있다는 것을 알아야 한다.

즐거움을 높여주기 위한 아이템, 캐시백 박스

우리 집 아파트는 매주 목요일이 재활용품 분리수거일이다. 때문에 목요일 저녁이 되면 분리수거장에 각종 박스를 비롯해 폐휴지가 많이 쌓인다. 그 폐휴지들을 보면서 저게 돈이 될 수 없을까를 생각해봤다. 리사이클 자체가 돈이 되는 사업이기는 하지만, 좀 더 큰 부가가치를 올릴 수 있는 방법이 없을까를 고민해봤다.

그렇게 탄생한 것이 내 매장에서 사용하고 있는 '캐시백 박스'다. 과일을 종이 박스에 담아 포장을 하고, 손님이 과일을 사가신 후에 빈 박스를 매장으로 갖고 와서 반납을 해주시면 500원씩 돈을 돌려드렸다. 손님들의 반응은 역시 예상했던 대로 놀라웠다. 500원의 힘은 상상보다 컸다. 캐시백을 받기 위해 박스를 모아두었다가 매장에 와서 박스를 반납하면서 다른 과일의 재구매가 일어났다.

계산을 할 때에는 박스당 500원씩 차감하여 계산을 하니 괜히 할인받는 느낌에 손님들이 너무 좋아하셨다. 그렇게 캐시백 박스는 자연스러운 재구매를 일으켜주는 매출의 일등공신이 되었다.

거기에 더하여 매장의 이미지도 한층 높아졌다. 캐시백 박스의 도입 취지를 설명하면 대부분이 여자 손님이시기에 더 많이 공감해주셨다.

그것은 일회용 비닐봉투 사용을 줄이고자 종이 박스를 사용하는 것이고, 이것도 버려지면 어차피 쓰레기가 되거나 재사용을 위한 과정에 더 많은 비용이 들어가기 때문에 재사용을 여러 번 하는 것이 환경을 위해 더 좋다고 생각한다고 설명을 드렸다. 거창하지는 않지

고객을 부르는 500원 캐시백 박스의 힘은 예상보다 훨씬 컸다.

만 과일 가게를 운영하면서도 환경을 생각한다는 것이 소비자들에게는 좋은 모습으로 다가갔다고 여겨진다.

아까움을 덜어주기 위한 아이템, 종량제 봉투

이렇게 캐시백 박스로 드리다 보면 다들 좋아하시지만, 좀 꺼려할 경우도 생기게 마련이다. 예를 들어 박스가 훼손이 되면 안 되기 때문에 마땅한 손잡이 없이 들고 가야 하는 불편함이 있고, 또 캐시백 박스가 아니어도 꾸준히 오시는 단골손님이라면 매번 캐시백 박스를 들고 와서 반납해야 하는 것도 일로 느껴졌던 것이다.

그렇다고 아까워서 버리지도 못하니 때로는 애물단지가 된다고 하시는 분들도 더러 계셨다. 재구매를 통해 매출 향상에 큰 역할을 하는 캐시백 박스를 포기할 수는 없고, 단골손님들의 귀차니즘도 해결해드려야 하는 것이 또 숙제로 남게 되었다. 여기에 접목한 것이 사람들이 돈 쓰기를 아까워하는 종량제 봉투였다.

정확한 시행 시기는 잘 모르겠지만, 20년 이상은 훨씬 넘은 것 같은데 아직도 종량제 봉투를 사는 것에 돈 쓰는 것은 아까워하는 것 같다. 그래서 캐시백 박스를 원하지 않는 손님들에게는 10리터 용량의 종량제 봉투에 담아드린다. 그러면 종량제 봉투값을 주려고 하시는 분들이 많이 계시는데 무료로 드리는 거라고 말씀드리면 너무 좋아하신다. 대부분이 주부들이기에 더 좋아하시는 것 같다. 비용으로 하면 330원밖에 하지 않지만, 역시 고객 만족도 측면에서는 최상의 만족을 드리는 서비스 아이템이다.

장사를 시작했던 초보 시절에는 서비스로 바나나를 주로 드렸는데, 어느 과일 가게나 흔히 서비스나 덤으로 주는 과일이 바나나이다 보니 큰 차별화가 되지도 못하고, 흔하게 받던 서비스가 소비자들에게는 크게 고마움으로 오지 못하는 경우가 많다.

장사꾼의 입장에서 보면 돈 쓰고 효과는 없는 말 그대로 버려지는 돈이 될 수밖에 없었는데, 종량제 봉투를 드리면서부터는 돈이 아깝지 않을 정도로 소비자들의 만족도가 높아졌다. 이왕 과일을 살 거라면 과일대통령에서 사자는 분위기가 동네 손님들에게 퍼지는 좋은 계기가 된 것은 당연한 일이었다.

늘 내 손님에게 무엇을 줄까를 생각해야 한다

장사꾼은 단지 물건만을 파는 사람이 아니다. 장사꾼은 무엇을 손님에게 먼저 내어줄까를 고민하는 사람이다. 나는 내가 어디에 갔을 때 그곳에서 매우 만족을 느꼈다면, 내 손님에게도 이런 만족감을 드릴 수 있었으면 좋겠다는 생각을 많이 한다.

한 대형마트에서 구입한 제품이 불량이라 생각해서 갔었을 때, 다른 말없이 "교환으로 해드릴까요? 환불로 해드릴까요?"라는 대답을 들었을 때 나도 내 손님에게 이렇게 해드려야겠다고 생각을 했다. 과일이라는 것이 공산품이 아니기에 애매한 경우가 많기는 하지만, 가급적이면 소비자가 지불한 돈이 아깝지 않게 해드리고 싶은 것이 나의 마음이다.

간혹 장사 비결을 물으러 오는 사람들에게 캐시백 박스를 적용해보라, 종량제 봉투를 서비스로 드리라고 말을 해주지만, 대부분이 적용을 시키지 않는다. 이유를 물어보면 일회용 비닐봉투 가격은 한 장에 15원, 캐시백 박스는 최초 구입비용이 650원, 캐시백 서비스를 해줄 경우에는 비닐봉투의 가격의 33배인 500원, 종량제 봉투는 그에 22배인 330원. 한결같이 과일 1만 원어치 팔아서 얼마 남는다고 캐시백 박스를 주고, 종량제 봉투를 주냐는 것이다.

또 한결같이 하는 말이 캐시백 박스를 주지 않아도, 종량제 봉투를 주지 않아도 올 사람은 온다고 말을 한다. 그렇다면 왜 장사가 안된다고 장사가 잘되는 방법을 알려달라고 장사할 시간에 장사는 하지 않고 나에게 왔는지 의문이 든다.

분명히 알아야 할 것은 굳이 캐시백 박스가 아니더라고, 종량제 봉투가 아니더라도 손님에게 드릴 수 있는 무엇인가에 돈을 쓰는 금액이 늘어날수록 내 가게에 단골손님이 늘어난다는 것이고, 단골손님이 늘어난 만큼 내 가게의 매출이 늘어난다는 것을 기억해야 한다. 장사가 잘돼서 캐시백 박스를 주거나 종량제 봉투를 주는 것이 아니다. 캐시백 박스를 주고, 종량제 봉투를 드렸기에 장사가 잘되는 것이라는 것을 기억해두자. 꼭!

"이 과일 정말 맛없습니다!"

맛이 없는 것을 알면서도 사야 하는 경우가 있다

과일을 매입하기 위해 온갖 과일의 맛을 다 보고 돌아다니다 보면 맛있는 과일이 있고, 맛없는 과일이 있다. 그렇다고 반드시 맛있는 과일이 좋은 과일이고, 맛없는 과일이 나쁜 과일이라고는 생각하지 않는다. 다만, 서로가 각자의 할 일을 갖고 세상에 나왔다고 나는 믿는다.

맛있는 과일이라면 당연히 값도 많이 나가려니와 그 맛을 즐기려는 소비자가 있기 마련일 테고, 맛은 약간 부족한 감이 있더라도 경제적인 가격의 과일이라면 또한 그 과일을 소비하는 소비층이 있을 것이다. 때문에 맛있는 과일과 맛이 부족한 과일 모두는 각자의 역할에 충실하면 모두 좋은 과일이라고 생각을 한다.

문제는 샘플 과일의 맛을 확인하고 맛이 좋다는 판단에 매입을 했는데 판매되는 과일 맛이 형편없을 때가 있다. 또는 매번 좋은 과일을 주는 도매상의 어려운 부탁으로 맛이 부족한 과일을 판매해달라고 요청해오는 경우가 있다. 간혹 있는 이런 부탁을 단칼에 거절하면 좋은 과일이 도매상에 입고가 되었을 때 경쟁 가게에 좋은 과일을 주게 된다. 이런 경우를 미연에 방지하기 위해 도매상의 부탁을 어쩔 수 없이 들어줘야 하는 경우가 생기기 마련이다.

솔직함으로 승부를 봐라

이럴 때는 딜레마에 빠지게 된다. 최상의 맛을 지키겠다고 다짐하는 나의 생각과는 거리가 멀고, 그렇다고 맛없는 과일을 맛있다고 '눈 가리고 아웅' 하는 식으로 손님들에게 거짓말을 하며 판매할 수도 없는 노릇이다. 버릴 수도 없는 상황이고 팔 수도 없는 상황에서 내가 택한 방법은 솔직함으로 승부를 보자는 것이었다.

진열도 해보지 않고 과일을 버린다는 것은 내가 장사하는 동안에는 절대 없을 일이고, 이 땅에 태어난 과일에 대한 예의가 아니라고 생각한다. 최선을 다해 판매를 해야 하는 것이 과일 장사꾼의 소명이기에 과일을 진열하고 진열된 과일 앞에다가 "이 과일 정말 맛없습니다!"라고 써놓았다. 뜻밖의 상황은 이럴 때 꼭 생기기에 과일 장사가 재미있고 즐거움이 있는 것 같다. 손님들이 정말 맛이 없다는 과일을 집어들고 계산을 요청하신다.

"손님, 이 과일 정말 맛없습니다."

"알아요. 사장님이 맛없다고 써놓으셨잖아요."

"그런데 왜 사려고 하세요?"

"사장님 과일은 늘 맛이 좋았는데, 얼마나 맛이 없으면 이렇게 써놓으셨는지 그 맛이 궁금해서 확인해보려고 사는 것이에요."

"아이고, 감사하기도 하고 부끄럽기도 하네요."

때론 솔직함이 장사하는 데에 가장 큰 무기가 될 수 있다는 것을 알게 된 소중한 경험이었다. 이후로는 이런 경우가 발생했을 때는 늘 솔직하게 맛이 부족하다는 것을 말씀드리고 판매를 했고, 과일이고 생물이라 어쩔 수 없을 것이라는 소비자들의 이해도 얻을 수 있는 기회가 되었던 것 같다.

부부싸움도 활용하는 장사꾼

솔직함이 장사에 도움이 된다는 것은 이것 외에도 또 한 가지 사례가 있다. 작은 과일 가게이다 보니 아내와 함께 일을 하는 시간이 많기 마련이다. 장사가 잘되나 안되나 상관없이 부부가 같이 일하다 보면 다투게 되는 경우가 종종 발생을 한다. 한 날은 아내와의 다툼으로 아내가 가게에서 나가버리는 일이 발생을 했다.

아내가 가게를 봐줘야 내가 배달을 나가는데 가게가 비어 있으니 배달을 나갈 수도 없는 상황이라 난감하기 짝이 없었다. 이때도 방법은 솔직한 것 외에는 방법이 없다고 판단하고 가게 앞에다가 이렇게 써놓고 배달을 갔다.

여러분들도 가끔 부부싸움 하시죠?

저희도 가끔 하는 부부싸움을 지금 하고 있는 중이라 아내가 가게를 나갔습니다. 할 수 없이 가게 문 닫고 배달 다녀올게요.

오후 4시쯤이면 매장에 들어올 수 있을 것 같습니다.

예약하신 과일은 4시 이후에 찾으러 와주시면 감사하겠습니다.

그런데 배달을 다녀왔더니 손님들의 반응이 놀라웠다.

"사장님, '개인적인 사정으로 잠시 자리를 비웁니다'라고 쓰고 가셔도 되는데 너무 솔직한 거 아니에요. 웃으면 안 되는데 웃겨서 혼났어요."

"에이, 사장님이 사모님에게 잘못하셨죠? 집에 가서 사모님에게 사과하고 마음 풀어주세요."

"사람 냄새 나는 사장님 사모님이시라 과일이 더 맛있나 봅니다. 오늘은 웃음까지 덤으로 주셔서 감사합니다."

예약하신 손님들에게 시간 약속을 지키지 못해 심한 클레임과 원성을 들을 것이라는 예상과는 달리 재미있어 하시는 손님들의 반응을 보며 솔직함이 얼마나 중요한지를 또다시 깨닫게 되었다.

손님이 장사꾼보다 똑똑하다는 것을 알아야 한다

그렇듯 진실함과 솔직함은 장사꾼이 반드시 가져야 할 덕목이라고 생각한다. 맛이 부족하다는 것을 알지만, 맛있다고 얼렁뚱땅 팔고나면 여지없이 클레임이 들어온다. 과일 가게라 맛있겠거니 생각하고, 또 사장이 맛있다고 하니 믿고 샀는데 먹어보고 맛이 없다는 것을 확인하는 데는 그리 오래 걸리지 않는다.

그러면서 드는 실망감, 배신감을 어찌 감당할까? 그래도 장사꾼 생각해주는 손님이라면 매장에 다시 와서 맛이 부족하니 다른 것으로 바꿔달라고 하겠지만, 냉정한 소비자들은 실망하면 그 가게로의 발길을 끊으면 그만이다. 순간의 이익을 얻기 위해 나도 모르게 조금씩 내 매출을 떨어뜨리고 있다는 사실을 깨닫지 못한다면 장사를 오래 지속할 수 없을 것이다.

손님이 모르겠거니 생각하지 말아야 한다. 예를 들어 내가 2,000원을 벌기 위해 8,000원을 투자했다고 하면, 손님은 맛있는 과일을 먹기 위해 1만 원을 투자한 것이다. 행여 떨이를 위해 6,000원에 팔았다면 2,000원만 손해를 보면 그만이다. 하지만 손님이 기대에 차지 않는 맛없는 과일을 버렸다면 1만 원을 고스란히 버리는 것이다. 가장 손해를 보는 사람은 소비자이니 당연히 가장 깐깐한 사람도 소비자고, 가장 세심하게 고르는 사람도 소비자다. 항상 소비자는 장사꾼보다 한 수 위에 있다는 것을 인정하지 않는다면 소비자들에게 외면 받는 모습을 머지않아 경험할 것이라는 사실을 명심해야 한다.

자신 있게 팔고,
클레임은 미리 차단하라

자극적이지 않지만, 자신감 있는 말로 어필하라

"오늘 새벽 도매시장에서 많고 많은 과일 중에 신중하게 맛을 보고 과일을 준비해왔습니다. 이 과일의 맛이 만족스러울지는 고객님이 드시고 판단하시겠지만, 다른 곳에서 사시는 것보다는 좀 더 나을 거예요."

내가 좋아하는 멘트이고 자주 쓰는 멘트이기도 하다. 그리고 손님들도 이 멘트가 마음에 들어서인지는 확실하게 알 수 없지만, 이 멘트를 손님에게 드렸을 때 구매율이 많이 높아진다. 손님들이 느끼시기에 장사꾼의 '자부심' 아니면 '자신감'이 꽉 찬 멘트로 받아들이는 것 같다. 그리고 과일에 대해 자신감이 없으면 이런 멘트를 할 수도 없다.

많은 장사꾼들이 '꿀~', '최고 당도~', '마약~', '대한민국 1등~', '초A급~' 등등 자극적인 멘트로 손님들을 현혹시킨다. 솔직히 내가 이런 자극적인 멘트를 사용해봐도 사용하지 않을 때보다는 매출이 높아지는 것이 사실이다. 하지만 문제는 판매를 한 이후에 돌아오는 피드백이 내가 손님들에게 썼던 멘트와 일치를 하느냐를 보면 결코 그렇지가 않다.

"사장님, 저번에 꿀수박이라고 해서 샀는데 별로였어요." "최고당도라더니 생각보다 최고는 아니었어요." 이런 식의 피드백이 오면 세상 부끄러워지고 손님과의 관계가 데면데면해진다. 떠돌이 장사꾼이라면 한 번 팔고 그만이라는 생각으로 이런 멘트를 써서 매출을 올릴 수 있다지만, 동네 장사를 하고 단골 장사를 할 생각이라면 이런 멘트를 쓰는 것을 자제해야 한다.

다른 곳에서 구매한 과일보다 조금만 더 맛있으면 일단 손님들 입장에서는 성공이고, 나 역시 손님들에게 큰 기대감을 주지 않았으니 행여 클레임이 들어와도 강하게 들어오지 않는다는 심리적 안정감이 있다. 하지만 실제 돌아오는 피드백은 긍정 피드백이 월등히 높다. "사장님이 그렇게 말씀하셔서 크게 기대는 안 했는데, 정말 맛있었어요"라는 칭찬을 듣는 경우가 더 많다. 칭찬은 고래도 춤추게 하듯이 장사꾼을 춤추게 한다. 신나서 더 열심히 더 좋은 과일을 준비하게 하는 매력적인 멘트이다.

맛을 정확하게 수치화해서 설명해주는 것도 좋다

과일 장사가 어려운 이유 중에 하나가 손님들이 기대하는 맛을 맞추기가 어렵다는 것이다. 매일 같이 새벽에 나가서 맛을 체크하고 그중에 가장 맛있는 과일을 준비한다고는 하지만, 어제와는 또 다른 맛이다. 같은 과일이고 같은 농민의 과일이라도 어제 수확한 과일과 오늘 수확한 과일의 맛이 똑같을 수는 없다.

그것은 기상 상황에 따라서 달라질 수도 있고, 수확한 과일이 과일나무의 상단에서 수확했느냐 하단에서 수확했느냐 또는 과일나무의 바깥쪽에 달려 있는 과일이냐 안쪽에 달려 있는 과일이냐에 따라 한 나무에서 자란 과일이라도 맛이 달라질 수 있기 때문이다. 그런데 손님들은 맛있었던 어제와 같은 맛의 과일을 달라고 하니 공장에서 찍어내는 공산품도 아니고 어떻게 같은 맛의 과일을 줄 수 있냐는 말이다.

이럴 때는 손님들에게 맛이 같지 않음을 말씀드리고 맛을 수치화해서 설명을 드리면 많이들 이해해주신다. 예를 들어 사과라고 가정하고 "오늘 출하된 사과 중에는 이 사과가 상대평가 점수로는 95점짜리였어요. 그런데 절대평가 점수로는 75점 정도 되는 것 같아요"라고 점수로 설명을 드리면 손님들은 '아, 엄청 고당도는 아니지만, 그래도 더 맛있는 것은 별로 없겠구나'라고 생각을 하신다.

결과는 그것을 이해하고 인정해주시고 구매해주시거나 그럼 좀 더 당도가 올라올 때 구매하겠노라고 구매를 보류한다. 그런데 수치화시키지 않고 "오늘 과일 중에 최고 사과입니다"라는 말만 하고 판매를 하고 나면 손님 입장에서는 '뭐야? 최고라는 사과가 이 정도밖에 안 돼? 그 가게는 과일 맛을 믿을 수 없는 가게구먼'이라고 생각하는 것이 당연하지 않겠는가?

이렇게 맛에 대해 수치화해서 설명해주는 것은 고객들에게는 과일에 대한 정확한 정보를 제공함으로써 만족도를 높일 수 있고, 장사꾼의 입장에서는 예측 가능한 클레임을 차단하는 효과를 얻을 수 있으니 일석이조의 효과를 충분히 누릴 수 있는 것이다.

손님들이 인정해주는 맛의 기준을 설정하라

'열이면 열, 백이면 백 모든 사람을 만족시킬 수 있는 과일 장사꾼이라면 얼마나 좋을까?', '그런 장사꾼은 있을까?', '내가 이런 장사꾼이 될 수는 없을까?'라는 생각을 장사를 처음 시작한 초창기에는 많이 해보고, 되려고 노력을 해보았다. 하지만 어느 정도 장사의 경험이 쌓이면서 이 생각은 애초에 실현 가능성이 없는 '이상'이라는 결론을 내렸다. 나는 한계 짓는 것을 무척이나 싫어하지만, 내 능력으로는 실현 불가능한 것을 하겠다고 똥고집을 피울 용기는 없다.

매장에 행복돼지로 인해 만들어진 회원이 현재 3,000명이 넘는데, 한 분 한 분 기억을 더듬어보면 똑같은 손님이 없다. 모두 원하는 맛에 대한 기준이 다르고, 생활하는 여건이 다르고, 돈에 대한 생각이 다르다. 이전에 경험한 식습관이 다르고, 맛에 대한 기대치가 다 다르다. 회원이 5,000명이 되면 5,000가지 유형의 손님이 있는 것이고, 1만 명이 되면 1만 가지 유형의 손님이 계시다는 것이 정확할 것이다.

"이렇게 늘어나는 손님의 유형을 내가 하나하나 맞추어주는 맞춤 서비스를 제공한다는 것이 노력한다고 될 일인가?"라고 물어본다면 오래 생각하지 않아도 그건 불가능할 거라고 대답할 것 같다. 그렇기 때문에 맛에 대한 장사꾼의 정확한 기준을 설정하고, 그 기준에 맞는 과일을 준비해야 한다.

그리고 구매하시는 손님들에게 과일의 맛에 대한 설명을 보태준다. 그 설명이 손님들이 듣기에 충분히 이해가 되면 구매가 이루어지고, 직접 맛으로 확인을 하고 싶어 하실 때는 맛을 보여드린 후 구매를 결정하시도록 한다.

확인한 맛이 본인의 기대치를 충족시키면 단골이 될 수 있고, 충족되지 않으면 뜨내기손님으로 끝나거나 거래가 이루어지지 않는 경우도 있다. 그렇게 해서 장사꾼이 준비한 과일에 대해 만족한 고객이 많아지고 그분들이 단골이 되어주시면 장사는 생각보다 수월해지고 장사가 재미있어질 것이다.

나 같은 경우는 과일을 먹었을 때 목 넘김 후에도 과일향이 입안에 오래도록 머무르는 과일을 준비한다. 이런 과일이 맛이 진하고 향이 좋고, 고급스런 맛이라는 인식이 오래 남는다. 반면에 처음에는 당도가 좋다가 후반부로 갈수록 어떤 과일을 먹었는지 모르게 입안에 향이 전혀 남지 않는 과일이 많다. 이런 과일은 손님이 드셨을 때도 싱겁거나 맛에 깊이가 없는 맹탕 과일이라고 느끼는 경우가 많다는 것도 참고해두면 좋을 것 같다.

99명의 칭찬보다 1명의 클레임을 경계하라

앞서 말한 내용과 반대되는 글인 것 같지만, 100% 모든 고객을 만족시키라는 것이 아니라 행여 있을 1명의 불만족에 후처리를 잘 하자는 것이다. 100명의 손님에게 과일을 팔아서 99명이 만족을 하고 1명의 손님이 불만족하는 결과가 나왔다면 장사꾼의 입장에서는 확률 99%의 성공이라고 할 수 있다.

이 확률도 현실에서는 나오기 어려운 것이어서 엄청나게 잘나가는 과일 가게라고 할 수 있고, 장사꾼으로서는 어깨가 으쓱해질 수도 있겠지만, 불만족한 1명의 입장에서는 100% 맛없는 과일 가게가 되는 것이다. 그런 손님에게 “다들 맛있다고 하는데 왜 당신만 맛이 없다고 하느냐?”라고 할 수는 없는 일이다.

불만족스런 손님의 말을 귀담아듣고 공감을 하고 어떻게 AS 처리를 해줄지에 대한 대안을 제시하든지, 불만족할 사항이 미리 예상 가능한 것이라면 사전에 공지를 해드려서 클레임이 없도록 세심하게 장사를 하라는 것이다. 가령, 여름철 대표 과일인 수박과 복숭아가 있는데 이 과일들이 장마철에 접어들면 애물단지로 변한다.

과일이 적정 수준의 수분 함유량을 유지해야 당도가 잘 나오는데 비가 많이 내리면 그 적정 수준을 오버하여 수분을 많이 갖고 있기 때문에 당도가 현저히 떨어지고, 더 쉽게 무르거나 상하는 경우가 발생한다. 이것은 2~3년 정도 장사를 한 과일 장사꾼이라면 누구나 다 알고 있는 과일 장사의 기본이고 상식이다.

그런데 이런 내용을 잘 알고 있으면서도 손님들에게 아무런 설명 없이 과일을 팔고 나면 열에 아홉은 클레임이 발생한다. 수박이 맹탕이라느니, 어제 산 복숭아가 다 썩었다느니 하는 클레임이 들어오기 마련이다.

그렇게 때문에 클레임을 미연에 방지하기 위해서는 판매할 때 이런 현상이 나타날 수 있음을 설명하고, 이러한 문제점을 해결하기 위해 과일을 어떻게 관리해야 하는지, 어떻게 먹어야 더 맛있게 먹을 수 있는지에 대한 설명을 해드린다면 불만 접수는 90% 이상 줄어든다. 예방 가능한 클레임을 예방하지 않으면 그것은 고스란히 장사꾼의 손실로 이어질 것이다.

이벤트의 퀄리티를 높여라

매출 증대를 위한 이벤트

간혹 도시의 외곽도로나 국도의 비상 주차공간처럼 넓은 공간이 있는 곳에 과일을 산더미처럼 쌓아놓고 '사과대축제', '오렌지대축제', '한라봉대축제' 등의 대형 현수막을 걸고 축제를 한다고 하는 대형 트럭들을 볼 수가 있다. 많은 물량을 보여줌으로써 저렇게 많이 쌓아놓고 판매를 하니 '당연히 싸겠지'라고 소비자들은 무의식중에 생각을 하게 된다. 거기에 '○○○대축제'라는 대형 현수막까지 걸려 있으니 저렴한 가격에 대한 기대심리는 더욱 커져서 차를 세우고 과일을 사게 되는 경우가 많다. 최근에는 상대적으로 매출이 잘 안 오른다는 말을 하는 장사꾼들이 많지만 초창기에는 '돈을 쓸어담았다'라고 표현할 정도로 효과가 좋았다고 한다.

동네 마트에서는 '영수증추첨경품행사'도 많이 한다. 마트에서 물품을 구매하고 영수증을 받은 다음 그 영수증을 추첨함에 넣는다. 그렇게 일정 기간 동안에 쌓인 영수증을 추첨하여 경품을 준다. 자금 여력이 풍부하고 규모가 큰 동네 마트는 경차를 1등 사은품으로 주는 경우도 봤으니 소비자들의 방문을 유도하기에 충분한 행사가 아닐까 한다.

그 외에 우리가 흔히 볼 수 있는 대형마트들의 '1+1 이벤트'나 '10+1 명절 이벤트', 각 교차로의 모서리에 위치하면서 '3+1 이벤트'를 진행하는 타이어 매장도 있다. 식당에서 많이 진행하는 50% 할인 이벤트도 있고, 최근 급속하게 늘어나고 있는 무인 아이스크림 매장의 70~80% 할인 이벤트도 있다.

이렇게 '○○○대축제', '할인이벤트', '경품추첨행사' 등등 각양각색의 아이디어와 방법으로 매출을 늘리기 위한 노력들을 하고 있다. 매출이라는 것은 노점에서부터 대기업에 이르기까지 이익을 창출하기 위한 기반이 되어주니 매출 증대는 장사꾼에게서는 양보할 수 없는 절대적인 것이라 할 수 있고, 각종 이벤트는 매출 증대를 단기간에 올려줄 수 있는 효과적인 방법이라 할 수 있다.

나에게 딱 맞는 이벤트를 찾아야 한다

과일 장사도 마찬가지로 매출을 늘리는 것에 집중을 해야 한다. 하지만 앞서 예시로 들었던 이벤트들이 현재의 내 상황에서 진행할 수 있느냐의 문제는 또 다르다. 대형 트럭들이 진행했던 '○○○대축제'는 품질의 저하를 동반할 수밖에 없다.

일명 '차치기'라는 과일 장사의 형태로 뜨내기손님들을 상대로 진행하는 판매 방법이라 동네에서 단골장사를 해야 하는 과일 가게의 입장에서는 쉽게 진행하기 어려운 이벤트가 아닐까 한다. 대형마트의 '1+1 이벤트'는 매출 증대의 목적도 당연히 있겠지만 보유하고 있는 재고자산을 털어내기 위한 방법으로 많이 쓰이기 때문에 과일 가게처럼 작은 가게에서는 진행하기 어려운 이벤트이고, 식당 같은 곳에서 많이 진행하는 '50% 할인 이벤트'는 원가의 부담이 없어야 진행이 가능하다. 타이어 매장의 '3+1 이벤트'의 경우도 묶음 판매가 가능해야 진행할 수 있는 이벤트들이다.

모두가 과일 가게라고 적용 불가능한 이벤트들은 아니지만, 팔면 팔수록 손해를 감수하고 진행해야 한다. 그것이 아니라면 손님들에게 돌아가는 혜택을 장사꾼이 감수할 수 있는 범위 내에게 진행해야 하는데, 이럴 경우는 손님들에게 돌아가는 혜택이 적어 관심을 끄는데 한계가 있다. 매출 증대를 기대할 수 있으면서 장사꾼이 충분히 감수할 수 있는 범위 내에서 소비자들의 만족을 극대화시킬 수 있는 이벤트를 찾아내는 것이 무엇보다 중요하다.

이벤트의 품격은 장사꾼의 의지에 달려 있다

우리 주위에는 감사한 분들이 많다. 안전을 책임져주는 경찰관, 화재와 위험으로부터 지켜주는 소방관, 깨끗한 환경을 지켜주는 미화원도 계시고, 아이들의 등하굣길을 안내해주시는 노인봉사대 어르신들도 계신다. 지역사회에서 어려운 가정 어린이들의 방과후학습에 도움을 주는 지역아동센터 선생님들도 계시고, 보수도 받지 않으면서 원활한 차량의 흐름을 잡아주는 교통봉사대도 계신다. 이렇게 감사한 분들이 많지만, 실제로 그분들에게 감사함을 전하는 경우는 많지 않은 것 같아 늘 죄송한 마음도 있었던 차에 손님들의 자녀들을 대상으로 '감사합니다!' 이벤트를 진행하기로 했다.

아이들이 감사하는 마음을 편지에 담으면 과일대통령에서는 체리 한 박스를 예쁘게 포장하여 그 아이에게 준다. 아이들은 엄마와 함께 감사한 분들에게 자기들이 쓴 편지와 과일을 전달해드리며 감사함을 표현해보자는 취지의 이벤트였다. 마음은 표현해야 알 수 있고, 표현도 해봐야 늘 것이라는 생각이다. 우리 아이들이 감사한 마음을 갖고 그것을 표현하는 경험을 해본다면 앞으로 감사한 것에 대한 감사함을 자연스럽게 전달할 수 있지 않을까 하는 것이 내가 '감사합니다!' 이벤트를 기획하게 된 이유였다.

아이들이 꾹꾹 눌러쓴 마음에 감동을 받으셨던 소방관님들, 노인봉사대 어르신들, '브이' 자를 그리며 아이들을 안아주시는 교통봉사대 선생님들의 모습이 담긴 사진이 너무 흐뭇해보였고, 이런 이벤트를 진행해줘서 고맙다는 아이 어머니들의 감사 문자를 받으면서 나 또한 뿌듯함을 느낄 수 있는 이벤트였다.

주위에 응원해야 할 분들이 계시다면 응원을 해달라는 '응원합니다!' 이벤트, 매번 작심삼일로 끝나던 목표가 있다면 꼭 성공해보시라는 '성공했어요!' 이벤트, 오랜만에 반갑게 만난 분들이 계시다면 '우리 오랜만에 만났어요!'와 같은 마음을 담을 수 있고, 마음을 전할 수 있는 이벤트들을 진행했을 때 단골손님들의 반응은 너무나 좋았다. 거기에 그 이벤트와 함께했던 주위 사람들이 과일대통령의 새로운 단골이 되어주시는 결과까지 얻게 되었으니 과일대통령의 이미지에도 크게 도움이 되었고, 장기적으로 매출 증대의 효과도 충분히 얻을 수 있었다.

이처럼 단기간에 매출을 증대시키는 이벤트도 중요하지만, 내가 과일 장사를 하면서 꾸준히 사업을 발전시켜갈 수 있는 기틀을 마련해주는 이벤트를 진행하는 것도 바람직하다는 생각이 든다. 소비자들에게 즐거움을 주면서 사회에 공헌을 할 수도 있고, 거기에 장사꾼의 생활도 안정적으로 유지를 할 수 있는 방법이 있다면 그것이야말로 진정한 장사가 아닐까?

어차피 팔아서 이익을 남겨야 하는 것이 장사이고, 이익을 많이 남기기 위해서 매출을 증대시켜야 하고, 그러기 위해서 각종 이벤트도 진행을 해야 하는 상황은 장사하는 누구나에게 동일한 조건이다. 그것이 나의 이익과 소비자의 이익으로만 돌아가느냐, 아니면 자라나는 우리 아이들에게 선한 영향력으로 다가서면서 사회에 긍정적 효과를 낼 수 있는 폭넓은 이익으로 돌아가느냐는 이벤트를 진행하는 장사꾼의 의지에 달려 있다고 생각한다. 이벤트에 들어가는 돈은 어차피 한정된 돈이니까 말이다.

타깃 고객을 명확히 하고,
그 타깃에 집중하라

정작 중요한 것을 놓치고 있지는 않은가

장사를 시작한 지 얼마 되지 않았을 때는 과일이 전부인 줄 알았다. 과일은 맛있어야 하고, 과일은 예뻐야 하고, 거기에 가격까지 저렴하면 다 되는 줄 알았다. 물론 노점이든 매장이든 목 좋은 곳에 위치하면 이것은 금상첨화라고 생각을 했다.

과일 장사를 막 시작한 장사꾼들을 보면 내가 겪어왔던 것과 똑같은 생각을 하는 것 같다. 새벽 일찍 도매시장에 가서 꼼꼼히 맛을 체크하고 과일을 준비한다. 과일에 대한 신중함과 꼼꼼함을 보면 장사가 안될 수 없겠다 싶을 정도로 열심히 한다. 하지만 장사의 경험치가 늘어날수록 과일보다 더 중요한 것이 있다는 것을 더 깊이 느끼게 된다. 바로 내 과일을 사주시는 손님들에 대한 중요성이다.

작은 구멍가게의 사장님이든, 대기업의 대표이든 공동적으로 갖고 있는 고민이자 숙제가 있다. 바로 내가 갖고 있는 상품이나 서비스를 구매해줄 손님을 확보하고 있는지, 확보하고 있지 못하다면 어떻게 확보를 할 것인지다. 과일 장사를 하겠다고 한다면 과일에 대해서 많은 공부를 해야 하는 것은 당연하지만, 그보다 앞서 누구에게 팔 것인가에 대해서 더 깊이 생각해보기를 권하고 싶다.

타깃 고객을 명확히 하라

과일을 구매하는 하는 사람이라면 남녀노소를 가리지 않고 누구나 손님이다. 그렇다고 각양각색의 모든 손님의 요구에 맞춤 서비스를 한다는 것은 어렵기도 하겠지만, 투입되는 나의 에너지에 비해서 돌아오는 이익은 실제로 많지가 않다. 게다가 그렇게 한다고 해도 실제로 손님들의 만족도가 엄청 높지도 않다는 것이 장사꾼을 더 힘들게 한다.

이러한 이유로 나는 고객의 풀을 가능한 좁혀서 나의 에너지를 타깃 고객에게 집중하는 것이 더 효과적인 장사라고 생각한다. 우리가 흔히 들어왔던 '선택과 집중'이라는 것이 그대로 장사에도 적용된다는 것이다.

초보 장사꾼들이 타깃 고객에 대한 기준 잡는 것을 많이들 어려워하는데 내가 기준으로 삼고 있는 것을 참고하여 각자의 타깃 고객의 기준을 어떻게 잡을 것인가를 고민해보기를 바란다.

· 여성일 것.

· 초등학교 이하 자녀가 있을 것.

· 경제적 여유가 있을 것.

· 내가 언제든 만날 수 있는 곳에 있을 것.

· 자연스럽게 소개가 많이 나올 수 있을 것.

나는 이렇게 다섯 가지 기준을 설정하고 이 기준에 부합하는 손님을 발굴하기 위해 나의 에너지를 집중한다. 굳이 긴 설명은 없어도 되겠지만, 과일을 구매하는 대부분의 손님은 여자이고 초등학생 이하 자녀에게 과일을 먹이기 위해 구매하는 경우가 상당히 많다.

내가 판매하고 있는 과일의 가격이 다소 높기 때문에 이 과일을 부담 없이 살 수 있는 경제적 여유가 있어야 하고, 내가 만약 영업을 통해 고객을 만나야 한다면 그 고객은 내가 쉽게 만날 수 있는 곳에 있어야 하는 것도 당연하다. 그리고 그 손님을 통해 주변에 소개가 자연스럽게 되어서 추가 단골 확보가 용이해야 하는 것이 내가 갖고 있는 타깃 고객에 대한 기준이다. 이런 기준에 부합하는 타깃 고객을 단골손님으로 많이 확보하고 있다면 과일 장사는 그 어떤 장사보다 매력 있는 장사가 될 것이라고 믿고 있다.

타깃 고객을 어떻게 공략할 것인가

내가 집중해야 할 타깃이 정해졌으면 그 타깃을 공략하기 위한 방법을 찾아야 한다. 그 방법을 찾는 것도 아주 단순하고 쉽다. 거짓말이 아니라 정말 쉽다. 두 가지만 하면 된다.

첫째, 타깃 고객이 원하는 것이 무엇인가를 파악하고, 그들이 원하는 것을 주면 된다. 매장에 오는 손님 열 명에게 물어보면 열 명이 모두 같은 대답을 한다. 그것은 가격은 좀 비싸도 맛있는 과일을 먹고 싶다는 것이다. 이것은 소비자들이 무엇을 원하는지를 직접적으로 말해주는 것이다. 맛있는 과일을 먹고 싶다는 것을 장사꾼은 맛있는 과일로 해결해주면 된다.

이보다 쉬운 답이 또 있을까 싶은데 많은 장사꾼들은 이렇게 비싼 과일이 팔릴까 걱정을 한다. 하지만 사고 안 사고는 소비자가 결정할 일이지 장사꾼이 결정할 일이 아니다. 장사꾼은 소비자들이 원하는 맛있는 과일을 준비하는 것으로 충분하다. 그래서 타깃 설정이 중요하다는 것이다. 애초에 내가 설정한 타깃 고객은 경제적 여유가 있을 것이라는 것이 포함되어 있다는 사실을 기억하자.

둘째, 타깃 고객이 걱정하는 것이 무엇인가를 파악하고, 그 걱정을 해소해주면 된다. 과일을 구매하는 소비자들은 구매한 과일이 맛이 없을 때 두 가지를 아까워한다. 장사꾼은 소비자들이 아까워하는 이 두 가지를 아깝지 않게 해주면 된다.

하나는 과일을 사는 데 투자한 시간을 아까워한다. 많은 시간을 투자해서 과일 가게에 가서 과일을 샀는데 과일이 맛이 없다면 소비자는 자신이 투자한 시간이 아까워서 당연히 불만이 높을 것이다. 여기에서 장사꾼은 소비자의 시간이 아깝지 않도록 해주면 된다. 바로 배달 서비스가 이것을 해결해준다. 그런데 과일까지 맛이 좋다면 불만이 높아지는 것이 아니라 만족도가 극대화될 것이다.

또 하나 아까워하는 것은 이렇게 맛없는 과일을 사기 위해 그렇게 비싼 돈을 썼다는 돈에 대한 아까움이다. 여기저기 다니면서 맛있는 과일을 찾기 위해 허비되는 돈을 장사꾼이 아껴준다면 단골손님이 되는 것은 시간문제이다. 때문에 다소 비싸도 맛이 확실한 것이 오히려 돈을 아끼는 것이라는 것을 소비자들에게 인식시켜준다면 장사는 한결 수월해질 것이다.

타깃 고객이 무엇을 원하는지를 간파하는 센스와, 걱정하는 요소들을 해결해주는 해결사의 역할이 과일 장사꾼이 가져야 할 가장 큰 무기라는 것을 꼭 기억해두었으면 좋겠다.

사소하지만 사소한 것에 성공의 비결이 있다

너무 뻔한 얘기라고 치부하고 넘어가기에는 너무나 소중한 포인트이다. '과일이 맛있고 싸면 되지'라고 생각하고 있다면 그 생각을 빨리 바꾸었으면 좋겠다. 대한민국에서 과일 장사를 하고 있는 장사꾼이라면 또는 과일 장사를 하겠다고 생각하고 있는 사람이라면 다 똑같은 생각을 하고 있다. 맛있는 과일을 싸게 팔면 장사가 잘될 것이라고.

누구나 맛있는 과일을 싸게 팔고 있는데 다들 장사가 잘되고 돈을 많이 벌고 있는가? 하루가 멀다 하고 폐업하는 과일 가게들이며 없어지는 노점 장사꾼들이 허다하다. 그들도 모두가 좋은 과일을 싸게 팔았다.

다만, 그들이 생각하지 못한 것은 내 과일을 사줄 고객들은 어디에 있는지, 그들이 원하는 것이 무엇이고, 걱정하는 것이 무엇인가에 대한 깊은 성찰이라 여겨진다. 내일의 성공을 위해 도전을 하겠다고 결심한 예비 사장님이라면 너무 뻔한 얘기 같고, 너무 사소한 것 같지만, 바로 그것이 가장 큰 것이라는 것을 꼭 알아줬으면 하는 바람이다.

과일 가는 곳에
마음 담아 보냅니다

어차피 팔린 과일이라면

매출을 올리기 위해 부단히 노력하는 것은 비록 나만의 일은 아닐 것이다. 신규 내방객을 늘리기 위해 현수막 광고, 게시판 광고, 전단지 등의 오프라인 광고를 할 수 있고, 블로그나 페이스북, 인스타그램처럼 SNS를 기반으로 하는 바이럴 마케팅으로도 광고를 할 수 있다. 또는 배달의 민족, 요기요, 배달통 등 배달 앱에 입점해서 일정한 비용을 지불하고 매출을 늘릴 수도 있다. 충분한 자금이 마련되었다면 또한 해볼 만한 광고라고 생각을 한다.

하지만 나는 장사를 빚으로 시작한 탓에 솔직히 광고에 투자할 만할 돈이 없었다. 그래서 돈이 전혀 들지 않거나 가장 적은 비용으로 가장 큰 효과를 내는 방법을 찾고자 노력을 많이 했다. 어차피 비용을 투자해서 손님을 늘렸다고 해도 그 손님들이 단골손님이 되어

주지 않는 한 광고비는 계속 들어갈 수밖에 없기 때문에 상대적으로 비용이 적게 들어가는 단골손님을 만들어야 하는 것이 내 최대 숙제였던 것이다.

처음 온 손님을 단골로 만들기 위해서는 재방문과 재구매의 과정을 거치지 않으면 안 되는 것은 당연한 것이고, 그 당연한 것을 해결해야 하는 것이 내가 풀어야 할 가장 큰 문제였다. 장사를 시작한 사람들이라면 지금도 역시 같은 문제를 놓고 같은 고민을 하고 있을 것이다. 나보다 훨씬 장사를 잘하는 고수분들이 많기도 하거니와 내가 찾은 방법이 전적으로 유일한 해결책은 절대 아닐 것이다. 다만, 내가 찾아내고 내가 장사에 접목을 해봤을 때 결과가 가장 좋았다고 판단한 해법을 한 가지만 소개해보겠다. 내가 찾은 해법은 어차피 팔린 과일이라면 이 과일을 통해서 다시 매출을 발생시키면 된다는 생각에서 그 실마리를 풀어갔다. 그 방법은 편지를 쓰는 것이었다.

과일만이 아니라 마음을 담은 편지까지 함께 보내다

과일을 선물 받는 분들이 하시는 일에 의미를 부여하는 편지를 써서 과일과 함께 배달을 했다. 예를 들어 아기 어머니가 유치원 선생님에게 보내는 과일이라면 배송 전에는 과일을 주문하신 어머니에게 준비된 과일을 사진 찍어 문자로 보내드리면서 가장 좋은 과일로 정성스럽게 준비했다며 어머니의 마음이 오롯이 전달될 수 있도록 세심하게 배송을 하겠다는 내용을 함께 보냈다.

그리고 과일을 보내기 전, 누구누구의 어머니가 보내드리는 것인데 준비하는 동안 그 마음이 잘 전달되기를 바라며 정성스럽게 준비했다는 편지를 다음과 같이 썼다.

사과나무반 ○○○ 선생님께

안녕하세요. 선생님!
과일대통령지기 황의석이라고 합니다.

선생님께서 담임하시는 □□□ 어린이의 어머니께서
선생님께 감사한 마음을 전해드리고 싶다 하시며 보내드리는 과일입니다.
어머니께서 선생님께 드리는 감사의 마음을
제가 대신 전해드리게 되어 저로서도 뿌듯하네요.

어려운 여건에서도 아낌없는 사랑으로 아이들을 가르치시고
아이들의 친구가 되어 주시는 선생님들이 많이 계시다는 것을 알고 있습니다.
정말 사랑과 인내와 책임감이 없으면 할 수 없는 것이
유아교육이고 보육이라는 것을 알기에 선생님의 노고에 진심으로 감사드립니다.

이제 막 시작하시는 ○○○ 선생님의 유아교육의 길에

아이들을 통한 행복이 넘쳐나길 바라고,

선생님께서 만나는 한 명 한 명 아이들의 기억 속에

첫 번째 사랑이자, 삶의 첫 번째 바른 이정표가 되길 응원합니다.

추워지는 계절에 ○○○ 선생님 건강 유의하시고

함께 아이들을 돌봐 주시는 원장님, 동료 선생님, 조리사 선생님,

차량 선생님

모두 모두 건강하시길 소망합니다.

□□□ 어린이 어머니를 대신하여 썼습니다.
과일대통령지기 황의석 드림

과일을 보내시는 분에 대한 감사의 마음도 진심이었고, 과일을 받으시는 분에 대한 응원의 마음도 진심이었다. 과일 장사를 시작할 때부터 장사라는 것이 장사꾼의 마음이 손님의 마음에 닿는 것이라 생각을 했고, 그렇게 장사를 하고자 노력을 했다. 다만 그 마음을 담는 그릇이 과일 장사이기에 과일에 담는 것뿐이라고 생각을 했다. 과일을 보내시는 분도 흐뭇해하셨고, 과일을 받으시는 선생님도 흐뭇해하셨다. 사람 두 명의 마음을 얻었으니 매출이 알아서 따라오는 것은 당연한 결과였다.

장사의 시작과 장사의 끝

무조건 최고의 과일이어야 팔리고, 무조건 돈을 들여 광고를 해야 매출이 늘어난다는 생각에서 조금만 벗어나보자. 돈이 없어도 단골을 만들 수 있는 방법이 비단 편지뿐일까? 내가 알고 있는 방법이 편지였기에 편지로 마음을 전했지만, 장사꾼의 마음을 전할 수 있는 방법은 여러 가지가 있을 것이다. 돈은 안 들지만, 사람의 마음을 전할 수 있는 방법 말이다.

나는 과일 장사란 돈 받고 과일을 주는 것이라고 절대 생각하지 않는다. 과일 장사란 수고로움을 받고 즐거움을 주는 것이라는 생각은 내가 과일 장사를 하는 동안에는 절대 바뀌지 않을 것이다. 또한 장사의 시작은 장사꾼의 마음을 손님에게 오롯이 보내는 것이고, 장사의 끝은 손님의 마음을 장사꾼이 오롯이 받는 것이라고 생각한다.

그렇게 장사는 실리적이고 물질적인 것이 아니고, 배려하는 것이고 존중하는 것이다. 서로의 가치를 인정하는 것이다. 장사는 그렇게 사람과 사람이 만나서 서로에게 사랑이 있다는 것을 확인하는 것이다. 그게 장사다.

한 템포 빠르게 가고, 시간에 구애 받지 마라

동물의 세계에서 느끼는 자연의 법칙

〈동물의 왕국〉이라는 TV 프로그램을 좋아해서 볼 기회가 있으면 놓치지 않고 보는 경우가 많다. 〈동물의 왕국〉을 보면 저마다 자연의 법칙에 순응하여 살아가는 동물들을 보게 된다.

건기에 물을 찾아 떠나는 누(gnu) 떼며 얼룩말 떼, 엄청난 거리를 이동하는 코끼리 가족들. 그 사이에서 이런 초식동물을 잡아먹기 위해 길목을 버티고 있는 사자나 악어 같은 포식자들. 여린 초식동물들을 노리고 숨죽여 다가가는 육식동물들을 보면 안타까운 마음에 속으로 '빨리 도망가야지. 그러다 잡혀 먹힐 것 같아'라고 가서 알려주고 싶은 마음이 든다. 그리고 강을 건너는 누 떼들의 무리 속으로 먹잇감을 노리고 다가서는 악어의 모습도 보고 있으면 왠지 야비해 보이지만, 그것이 자연의 법칙이라는 것을 인정하지 않을 수가 없다. 잡아먹지 않으면 굶어 죽어야 하는 것이 육식동물들이고 포식자들의 운명이 아니겠나 싶다.

그런데 유심히 보다보면 먹고 먹히는 광경이 당연히 그럴 것이라 생각했던 것과는 달리 다른 모습의 광경을 보게 된다. 크게 관심 갖지 않고 볼 때에는 큰 놈이 작은 놈을 잡아먹을 거라 생각을 했는데, 큰 놈이 작은 놈을 잡아먹는 것이 아니라 빠른 놈이 느린 놈을 잡아먹고 있었고, 노리고 있는 놈이 방심하고 있는 놈을 잡아먹고 있다는 것을 알았다.

대형 과일 가게의 도전

내가 매장을 오픈하고 채 두 달이 되지 않아 더 좋은 위치에 더 큰 과일 가게가 오픈을 준비하고 있었다. 내 가게는 사람들의 주 이동경로에서 벗어난 곳에 위치해 있었고, 새로 입점 중인 경쟁 과일 가게는 주 이동경로의 목을 잡고 있는 위치였다.

내 매장의 규모는 고작 8평, 경쟁 가게의 매장 규모는 30평. 내 매장의 월세는 80만 원, 경쟁 가게의 월세는 280만 원. 내 가게는 전면 폭이 3m를 간신히 넘기는 반면, 상대 가게는 앞과 옆으로 20m를 훌쩍 넘길 것 같은 코너 각지에 위치했다. 무엇으로 비교해도 내가 이길 수 없는 조건들이었다. 내심 심란한 마음이었는데 경쟁 매장의 사장이 나를 찾아왔다. 그리고 한마디 던지는 말이 "선의의 경쟁을 해봅시다!"였다. 참 어이가 없었다. '알아서 기고, 나가란 협박인가?'

채 50m도 떨어지지 않은 곳에 과일 가게가 있는데 버젓이 과일 가게를 차리는 모양새가 매너도 없다는 생각이 들었다. 근데 미안해하기는커녕 비웃듯이 선의의 경쟁을 하자는 멘트를 날리다니. 자존심에 상처가 나는 순간이었다.

'나는 무슨 일이 있어도 한 놈만 잡는다. 이번에 그 한 놈이 바로 당신이다.' 오기가 발동하는 순간이었다. '그래, 내가 망하면 기껏해야 돈 1,000만 원 정도 잃는 거지만, 네가 망하면 한 1억은 까먹을 테니 보란 듯이 당신의 오만함에 대한 대가를 치르게 해주겠다'라는 생각을 했다. 자연이 나에게 큰 놈이 작은 놈을 잡아먹는 것이 아니라고 가르쳐주었다. 그러니 내가 작다고, 내가 불리하다고 잡아먹혀야 된다는 법도 없다. 빠른 놈이 느린 놈을 잡아먹는 것이니 내가 좀 더 빠르면 된다. 노리는 놈이 방심하는 놈을 잡아먹는 것이니 내가 노리고 있으면 된다. 그렇게 생존을 위한 경쟁이 시작되었다.

한 템포 빠르게 간다

때는 4월 말이라 주력 과일은 수입 포도 종류와 토마토 종류가 시장을 이끄는 주된 품목이었다. 역시나 경쟁 가게에서도 수입 포도와 토마토 종류를 주력으로 팔고 있었다. 똑같은 품목으로는 불리하다고 판단하고 5월 말 정도가 되어야 다른 가게들이 주력으로 판매를 하는 수박과 참외를 나는 주력 상품으로 정했다.

또한 같은 대전에서 과일을 준비한다면 경쟁에서 이길 수가 없다고 판단을 하고 수박 주산지인 고령과 참외 주산지인 성주 공판장을 거의 매일 가다시피하며 가장 좋은 수박과 참외를 매입해왔다. 참외는 공판장에서 경매를 통해 과일을 구입할 수 있어서 필요한 수량만을 매입해올 수 있는데, 수박 같은 경우는 공판장보다는 밭 장사꾼들이 물동량을 좌지우지하기 때문에 하우스 동 단위로 판매를 하는 경우가 대부분이다. 하우스 한 동에 수박 수확량은 평균 450통이고, 초물 과일이기 때문에 가격도 가장 비쌀 때다. 이런 물량을 8평 매장에서 처리를 하는 것이 솔직히 심하게 부담이 된다. 하지만 이미 터를 닦아놓은 맘카페가 있기에 믿고 매입하는 데 주저하지 않았다.

매장은 작지만 많은 물량을 저장할 수 있는 저장창고가 따로 있었고, 믿고 구입해주는 단골손님들이 맘카페에 많이 있었기 때문에 걱정할 일이 없었다. 가게 앞에다 수박과 참외를 대량으로 입고시키면 과일은 과일의 힘으로 팔려나가는 것이므로 굳이 내가 팔지 않아도 되었다. 이미 수입 포도류와 토마토 종류는 많이 먹었기 때문에 소비자들은 새로운 과일에 관심이 가고 먹어보고 싶은 생각이 더 많이 드는 법이다. 여기에 아이들이 "엄마, 수박 먹고 싶어"라고 한마디만 하면 장사는 끝이다.

아무리 늦은 시간이라도 당장 GO

장사를 시작하면서 애초에 좋은 과일을 팔겠다고 작정을 했기 때문에 가락시장을 비롯해 전국 각지의 도매시장에 아는 중매인들이 많이 있었다. 그리고 우연히 구입한 과일의 맛이 정말 좋은 경우에는 박스에 표시되어 있는 생산자 정보를 보고 전화를 걸어 농장을 방문하는 경우가 많았다. 이렇게 농민과 중매인들의 인맥이 늘어나면서 맛있는 과일이 있다면 언제든지 연락을 달라고 부탁을 한 터라 자주 연락이 오곤 했다.

공판장들은 경매 시간이 정해져 있기 때문에 시간 조절이 수월하지만, 가장 어려운 것은 역시 수박이다. 수박 수확은 보통 새벽 2시부터 시작을 한다. 이유는 하루 중에 기온이 가장 낮은 새벽시간에 수확을 해야 과일이 단단해서 불량이 나질 않는다. 더운 낮에 수확을 하면 과일이 물러져서 수박을 쌓으면 깨지거나 눌려서 과육이 멍든 수박이 나온다. 이런 수박을 장사꾼들은 '피수박'이라고 하는데 불량 수박이라 팔 수 없는 수박이 되기 때문에 새벽에 수확 작업을 하는 것이다. 그래서 수박밭 장사꾼은 새벽 2시에 수확하는 수박의 맛을 보고 당도가 정말 좋으면 시간을 가리지 않고 전화를 한다.

"이봐, 황 사장, 수박 정말 맛있어. 지금 고령이니까 바로 와. 새벽 6시까지 도착해야 해"라는 전화가 온다. 그러면 나는 이렇다 저렇다 따지지 않고 바로 출발을 한다. 맛있는 과일이 있다고 하는데 맛있는 과일을 팔겠다고 하는 장사꾼이 안 간다면 그건 말로만 하는 거짓 장사꾼이 아닌가. 경쟁에서 이겨야 하고 손님들에게 맛있는 과일을 주겠다는 장사꾼이라면 준비하는 과일에 대한 욕심이 있어야 하고, 맛있는 과일을 만나러 가는 열정이 있어야 한다.

6개월 만에 문 닫은 경쟁 가게

빠른 놈이 느린 놈을 잡아먹고, 노리는 놈이 방심한 놈을 잡아먹는다고 하는 자연의 법칙은 장사에도 똑같이 나타났다. 좋은 위치, 큰 매장, 돈 들여 깔끔하고 예쁘게 꾸며놓은 매장이라 방심을 한 것일까? 매일 같이 가락시장에 가서 좋은 과일을 준비해온다고 써 붙여놓은 현수막과는 달리 지나치면서 안 보는 듯 유심히 살펴보면 과일의 질은 떨어지고, 재고 처리가 안 되면서 신선도가 많이 떨어진 과일들을 세일 상품으로 진열하여 판매하고 있었다. 그런 경쟁 가게를 보면서 이미 게임은 끝났다고 생각을 했다. 더 이상 저 가게는 내 경쟁 상대가 되지 않았다.

죽자고 좋은 과일을 찾아다니는 내가 있었다면, 경쟁 가게는 더 부지런히 좋은 과일을 찾아다녀야 했다. 하지만 적당한 과일을 매입해오고, 적당한 가격에 팔고, 피곤하다는 핑계로 매일 가야 하는 가락시장을 3~4일에 한 번씩 다녀오면서 목 좋고, 큰 매장이라고 방심하고 느리게 장사를 했으니 살아남을 수 있겠는가. 그렇게 그 과일 가게는 6개월 만에 폐업을 하고 한참을 공실로 남아 있다가 얼마 전에 마트가 그 자리로 입점을 했다.

작다는 것에 핑계를 대지 마라

내 가게는 코딱지만 한 가게라서, 경쟁 과일 가게가 많아서, 아파트 알뜰장도 있고, 마트에서도 다들 과일을 팔아서. 어쩌고저쩌고……. 만약 내가 그런 생각을 한다고 하면 주변의 경쟁 과일 가게 사장들도 똑같은 생각을 한다. 누구나 걱정이고 스트레스다. 그렇다고 언제까지 푸념만 늘어놓고 한숨만 쉬고 있을 것인가? 주위에 이런 장사꾼들이 너무 많다. 다들 장사가 안되는 이런저런 이유를 늘어놓으면서 어떻게 발 빠르게 대안을 찾을지, 내 가게를 잘되게 하기 위해 무엇을 해야 하는지 고민하지 않는 장사꾼들이 너무 많다.

그런 장사꾼들에게 진심을 말해주고 싶다. 빠르게 고민하고, 정리가 되었으면 빠르게 움직이라고. 내가 했던 것처럼 한 템포 앞서가는 것도 경쟁력을 갖출 수 있게 하는 방법이고, 아무리 늦은 시간이라도 좋은 과일을 찾으러 가는 것도 한 방법일 수 있다.

내가 시도해보지는 않았지만, 단골손님들에게 주 단위로 소비할 만큼의 과일을 정기배송을 해주면서 시장을 개척해나가는 사람들도 있다. 컵과일로 새로운 시장을 개척하는 사장님들도 있고, 예단과일을 전문으로 자신의 포지션을 굳혀나가는 사장님들도 있다. 지금은 중견기업이 된 마켓컬리는 신선식품의 새벽배송으로 소비자들로부터 큰 호응을 얻어 그렇게 크게 성장할 수 있었다.

행여 지금 장사가 안되어 밤잠을 설치는 사장님들이 있다면 자신의 열정을 다시 한 번 점검해보기를 권하고 싶고, 창업을 준비하고 있는 예비 사장님들이라면 자신이 갖고 있는 아이템을 믿기보다는 자신의 열정을 믿으라는 말을 해주고 싶다.

내 상권을 아는 만큼 매출은 올라간다

장사 스타일이 먼저 결정되어야 한다

노점 과일 장사라면 차 대는 곳의 수준에 맞추어 과일을 준비하면 되므로 장사의 스타일을 잡는 것에 대해서 훨씬 선택의 폭이 넓고 상황에 따라 대처하기가 쉽다. 하지만 과일 가게를 차리기로 마음먹었다면 내가 어떤 스타일의 장사를 할 것인지를 먼저 결정해야 한다.

맛에서 중간 이상의 과일로 약간의 흠이 있는 과일로 승부를 보겠다면 유동인구가 많은 전통시장에 자리를 잡거나 시장 초입의 매장을 얻는 것이 훨씬 유리하다. 또는 평수가 넓지 않은 중소형 아파트에 50대 이상 연령층이 많이 거주하는 단지의 상권도 좋다.

하지만 가격은 크게 상관하지 않고 맛으로만 승부를 볼 요량으로 프리미엄 과일만을 취급하겠다면 신도시의 아파트 상권이 훨씬 유리하고, 대단지의 아파트에 초등학교가 길을 건너지 않고 아파트

단지와 붙어 있다면 더할 나위 없을 것이다.

이런 아파트 상권에 규모가 큰 마트가 있다면 그 옆자리도 좋다. 이때 중요한 것은 마트의 집중 판매 상품이 과일이라면 상당한 경쟁을 각오해야 하거나 약간 비껴나야 하는 상황도 고려해야 한다. 공산품 전문 출신의 마트 사장들도 많지만, 과일 장사를 기반으로 마트를 차리는 사장들도 상당히 많기 때문이다.

이렇게 내가 어떤 과일을 가지고 장사를 할 것인가에 대한 스타일을 정하고 나서 가게 자리를 알아보는 것이 시행착오를 줄여줄 수 있다. 만약 자리가 마음에 들어서 매장을 먼저 얻었다면 자신의 장사 스타일과는 상당한 차이가 있더라도 그 상권에 맞는 과일을 준비하는 것이 더 유리하다고 할 수 있다.

매장 선택 시에 고려해야 할 사항들

첫 번째는 주거 상권이어야 한다. 과일 장사도 유동인구가 많은 곳이 당연히 유리하겠지만, 그렇다고 식사, 술, 당구장이나 노래방 등으로 이어지는 일반 소비 상권이나 대학가의 상권에는 그다지 적합하지는 않다.

과일의 특성상 주 구매층이 주부이고, 과일을 구매하는 경우는 장을 볼 때 함께 구매하는 경우가 많으므로 아파트나 주택가의 주거 상권이 훨씬 적합한 자리라 할 수 있다. 무엇보다 뜨내기손님 장사보다는 단골손님의 장사가 더 중요하기 때문에 주거 상권에 자리하는 것이 당연하다고 여겨진다.

두 번째는 매장이 들어설 상권의 인구 구성비를 유심히 살펴야 한다. 젊은 층의 비율이 높은지, 연령대가 많은 분들의 비율이 높은지에 따라 매출의 차이가 많이 나기도 하거니와 판매하는 과일의 수준이 결정되기 때문이다.

세 번째는 매장 주위에 어린이집, 유치원들이 얼마나 많은지를 파악해보는 것도 중요하다. 과일 장사에 있어서 어린이집이나 유치원은 매출에 지대한 영향을 미친다. 어린이집이나 유치원에 간식으로 과일을 납품할 수 있어서가 아니라 그만큼 그 주변에 아이들이 있는 집이 많다는 것을 의미하기 때문이다.

늘 강조하지만, 과일을 구매하는 것은 아기 엄마들이지만 그 과일을 먹는 것은 아이들이라는 것을 과일 가게를 운영한다면 꼭 잊지 말아야 한다. 아이들이 먹고 싶다고 떼를 쓰면 그 과일이 싸고 비싼 것은 크게 중요하지 않다. 싱싱하고 맛이 좋으면 된다. 아이들이 잘 먹으면 엄마들은 좋아하기 때문이다.

싸서 샀는데 아이들이 먹지 않는다면 그것이 아기 엄마들에게는 더 큰 스트레스로 다가온다는 것을 알고 있으면 장사에 많은 도움이 된다. 그리고 어린이집이나 유치원에서 아이들의 생일잔치 행사를 한다고 생일 과일을 많이 찾는 것도 매출에 도움이 되는 것도 사실이다.

장사를 오래한 선배들은 은행이나 관공서 근처의 자리를 많이 추천하지만, 요즘은 인터넷뱅킹이나 민원24 등 온라인으로 많은 업무들이 대체되면서 그런 자리들이 그다지 중요하다고 생각하지는 않는다. 그보다는 어린이집이나 유치원이 많이 있는 주거 상권이 훨씬 유리하다는 것이 나의 판단이다.

네 번째로 고려해야 하는 것은 내 가게의 위치가 아파트를 기준으로 들어가는 자리에 있어야 한다는 것이다. 과일 가게를 운영해 보면 알겠지만, 오픈하고 정오까지의 매출이 20~30% 정도를 차지한다. 정오부터 오후 3시까지는 뜸한 시간이고, 3시 이후부터 6시까지가 매출의 40%를 차지한다. 바로 저녁식사를 준비하는 장을 보는 시간이다. 오후 6시 이후부터 오후 9시까지의 매출이 30~40% 정도를 차지하게 된다. 장을 보는 시간과 함께 하루 매출의 가장 큰 부분을 차지하는 이 시간대가 바로 퇴근 타임의 장사 시간이다.

여기서 중요한 것이 집으로 들어가는 자리의 가게 위치와 나가는 자리의 가게 위치에 따라 매출이 극심하게 차이가 난다는 것이다. 들어가는 자리의 가게라면 퇴근길에 과일 가게 앞에다 차를 잠깐 세우고 과일을 사서 집으로 들어간다. 나가는 자리의 가게라면 퇴근길에 차를 세우고 길을 건너가서 과일을 사고 집으로 들어간다.

여기서 길을 건너고 안 건너고가 매출에 엄청난 영향을 미친다는 것을 기억하자. 사람들의 귀차니즘은 장사꾼이 생각하는 것보다 훨씬 더 크다는 것을 강조해서 말하고 싶다.

시간에 따른 진열의 변화도 필요하다

낮과 밤의 차이도 파악해두면 좋다. 누구나 알고 있듯이 낮에는 사람의 생각이 이성을 기반으로 하고 있다. 그리고 과일을 구매하는 손님이 대부분 장을 보는 주부들이라는 것은 앞서 언급을 했다. 그렇기 때문에 가성비가 좋은 과일을 전면으로 내세워 진열하는 것이 좋다. 사과, 귤, 바나나 포도 같은 제철 과일들이라 할 수 있겠다.

하지만 밤이 되면 사람의 생각이 감성을 기반으로 하게 된다. 과일을 구매하는 손님의 성별도 바뀌는 것을 확인할 수가 있다. 퇴근길에 아내의 전화를 받고 과일을 사러 오는 남자 손님이 많아진다.

남녀가 같이 와서 여자가 먹고 싶어 하는 과일을 사면서 남자가 결제를 하는 경우도 많아지면서 당연히 가성비가 좋은 과일보다는 여자들이 좋아하는 비싼 고급 과일의 매출이 높아진다. 따라서 밤이 되면 가성비가 좋은 과일은 뒤로 물리고 체리, 골드키위, 애플망고 등등의 고가의 과일들을 앞자리로 진열해야 한다.

세상 바쁜 사람이 과일 장사꾼이다

새벽에 과일을 매입해서 진열을 하고 진열이 끝났다면 그다음부터는 오는 손님만 받아도 된다. 한편으로는 세상 편하고 한가한 장사가 과일 장사다. 많은 장사꾼들이 그렇게 장사를 하고 있기 때문에 손님들이 봐도 그다지 어려워 보이지 않는 장사처럼 보인다.

하지만 세심하게 과일을 고르는 것부터 시작해서 내 상권의 손님들이 어떤 과일을 좋아하는지를 파악해야 하고, 내 가게 앞을 지나가는 유동인구가 얼마나 되는지, 그 사람들의 남녀 구성비는 어떤지, 엄마 손을 잡고 지나가는 아이들은 얼마나 많은지를 파악해야 한다. 낮에는 어떤 과일을 진열하고, 밤에는 어떤 과일을 진열해야 할지, 그리고 오전에 진열한 과일이 오후에 신선도가 떨어지지는 않았는지도 확인해야 하고, 매장 전체에 자리하고 있는 행복돼지들을 보면서 이 단골손님은 왜 요즘 방문을 안 하시는지도 되돌아봐야 한다.

내 상권과 내 손님을 파악하는 것이 과일 장사에서 얼마나 중요한지를 강조하면 몸이 두 개여도 부족한 것이 과일 장사이고, 세상 바쁜 장사꾼이 과일 장사꾼이다. 누군가가 시쳇말로 직장 때려치우고 과일 장사나 해야겠다고 한다면 직장생활이 얼마나 편했는지 일깨워주고 싶다. 과일 장사 죽을 만큼 열심히 하면 돈 번다. 당신의 직장생활을 죽을 만큼 열심히 한다면 굳이 과일 장사를 하지 않아도 직장에서 승승장구할 것이라는 말을 전하고 싶다.

4장

고객의
과일냉장고를
지배하는 법

VIP 손님은 불만을 말하지 않는다

이익이 어디에 있는가

장사를 하는 것은 이익을 추구하기 때문이다. 장사꾼의 입장에서는 손님으로부터 돈을 받고 물건을 건네준다. 손님의 입장에서는 돈을 건네주고 물건을 받는다. 장사꾼의 입장에서는 돈을 버는 이익을 얻고자 함이고, 손님의 입장에서는 그 물건으로부터 편리함이나 즐거움의 이익을 얻고자 함이다. 하지만 그 이익의 크고 작음은 거래되는 돈의 크기에 따라 결정이 되니 손님 입장에서는 돈을 적게 내야 이익을 얻었다 하고, 장사꾼의 입장에서는 돈을 많이 얻어야지 이익을 얻었다고 할 것이다.

"수레를 만드는 사람은 수레를 만들면서 사람이 부귀해지기를 바라고, 관을 만드는 사람은 관을 짜면서 사람이 요절하기를 바란다. 이는 수레를 만드는 사람이 어질고 관을 짜는 사람이 악하기 때문이 아니라 사람이 부유해지지 않으면 수레가 팔리지 않고 사람이 죽지 않으면 관을 팔 수 없기 때문이다. 관을 짜는 사람이 마음속으로 사람을 증오해서 그런 것이 아니라 사람이 죽어야 이익을 얻을 수 있기 때문에 그런 것이다"라는 이야기가 있다.

이렇듯 사람들이 자신의 이익을 추구하는 것은 당연한 것이다. 장사의 시작은 손님의 이익이 어디에 있고, 장사꾼의 이익이 어디에 있는지를 아는 것부터 시작한다 해도 틀린 말은 아닐 것이다.

장사를 하다 보면 깊은 고민에 빠질 때가 있을 것이다. 일정한 레시피를 갖고 공장에서 만들어지는 음식은 맛이 일률적이다. 자동차나 TV처럼 각각의 제품이 동일한 기능과 동일한 용도로 사용이 되는 것이라면 누구에게나 판매되는 가격이 동일하다.

하지만 과일의 경우는 좀 다르다. 한 나무에서 자랐다 해도 나무의 위쪽에 달려 있던 복숭아와 나무 아래에 달려 있던 복숭아의 맛이 다르다. 같은 농부의 같은 하우스에서 자란 수박도 하우스의 중간 부분에 있던 수박의 맛과 문 앞에 있던 수박의 맛이 다르다.

같은 줄기에서 딴 딸기라 해도 먼저 딴 딸기가 나중에 딴 딸기보다 맛이 더 좋다. 사람들은 과일을 먹으면서 새콤하거나 달콤하거나 그 비율을 적절히 다 갖고 있거나 하는 맛의 기준이 다르기는 하지만, 어찌 되었든 맛있어야 한다는 점은 동일하다.

그래서 맛있는 과일이 그렇지 못한 과일에 비해 가격이 더 높다. 그리고 그 가격은 앞서 말한 공산품들처럼 정해져 있지가 않다. 비싸도 먹고자 하는 소비자가 있다면 비싸게 팔릴 것이고, 싸도 먹고자 하는 사람이 없으면 팔리지 않는다.

안 팔리는 경우라면 장사꾼이 손해를 보는 것은 당연하니 차치하고, 잘 팔리는 경우를 생각해보면 비싸도 잘 팔리니 장사꾼의 입장에서는 이익을 극대화할 수 있는 기회라 할 수 있을 것이다. 하지만 장사꾼이 취하는 적정 이익을 초과하는 추가 이익이란 것이 소비자의 이익에 반하는 것이라 할 수 있지 않을까?

장사를 하면서 소비자의 이익과 장사꾼의 이익이 서로 충돌한다는 생각을 많이 했고, 이럴 때 장사꾼으로서 소비자의 이익이 먼저인지, 장사꾼의 이익이 먼저인지에 대해 많은 고민을 했었다. 오랜 시간을 고민하면서도 쉽게 결론을 내지 못하고 있었지만, 드디어 내린 내 결론은 손님의 이익이 우선되어야 한다는 것이다.

VIP 손님들은 장사꾼을 장사꾼으로만 보지 않는다

길지 않은 시간 장사를 했지만, 손님들 보기에 부끄럽지 않게 장사를 했고 게으름 피우지 않았다고 스스로에게 칭찬을 해주고 싶을 만큼 열심히 장사를 했다고 생각한다. 그렇기 때문에 내가 경험한 손님들에 대해 나름의 믿음을 갖게 되었다. 그 믿음이 모든 과일 장사꾼에게 동일하게 적용되는 것은 아닐 것이라는 조심스러움도 있다. 하지만 사람이 사는 이치는 동일하게 나타날 거라 믿고 이야기를 진행해보겠다.

아무리 단골손님이라 해도 과일 가게를 '과일대통령'만 이용하는 것은 분명 아니다. 그렇기 때문에 내가 파는 과일과 경쟁하는 다른 과일 가게의 맛에 대한 평가는 손님이 더 정확하다고 보는 것이 맞다. 내가 과일을 준비할 때는 확인할 수 있는 과일의 맛을 꼼꼼히 체크하며 최고의 과일을 매입해오지만, 전국에 널려 있는 내가 맛을 확인하지 못한 무수한 과일들 중에 내가 준비한 과일보다 더 맛이 좋은 과일이 있을 확률이 상당히 높다. 그 과일을 경쟁 가게에서 준비하지 않았다고 장담할 수는 없는 것이다. 그렇기 때문에 손님들에게 내가 파는 과일이 최고는 아니라고 하면서 판매를 한다.

단골손님들의 입장에서 보면 내가 준비한 과일이 더 맛이 있을 때도 있고, 경쟁 가게의 과일이 더 맛있을 때도 있을 것이다. 하지만 손님들이 내 가게의 단골이 되어주시는 것은 내가 과일을 준비하는 데 소홀하지 않는다는 것을 알기 때문이다. 맛없는 과일을 맛있다고 속이며 팔지 않는다는 것을 알아주기 때문이다. 내가 매장의 컴퓨터 앞에서 게임을 하거나 TV를 보지 않는 것을 알아주기 때문이다. 과일에 대해 공부를 하고 있고, 좋은 과일이 어디에서 나고 있는지 꾸준히 찾고 있다는 것을 알고 있기 때문이다. 때로는 다른 과일 가게보다 비싸서 아쉬워할 때도 있지만, 좋은 과일을 경쟁 가게에 뺏기지 않으려고 웃돈을 붙여서라도 사오는 것을 알아주기 때문이다.

모든 손님이 다 알아주는 것은 아니라 해도 그렇게 믿고 인정해주고 응원해주는 VIP 손님들이 계시는데 나만 잘살겠다고 내 이익만 좇는 것은 아니라는 생각이 든다. 손님들이 과일에 대해서는 과일대통령을 믿어주고 장사꾼이 아닌 '비타민 마스터'로 인정을 해주시는데 내가 내 이익만을 좇는 장사꾼이 될 수는 없지 않은가.

왜 VIP 손님은 불만을 말하지 않을까

가게 안에 있으면서 늘 밖을 예의주시한다. 저 멀리서 VIP 손님이 내 가게로 향하는 것이 보이면 그때부터 나는 바빠진다. 각 과일의 품목별로 가장 좋은 과일이 어디에 있는지를 미리 파악해둔다. 과일 가게의 VIP 손님이라면 당연히 과일에 대해서도 잘 알고 있다. 장사꾼이 자기에게 좋은 과일을 주고 있는지 아닌지는 어느 과일로 손이 가는지만 봐도 안다. 말하지는 않아도 그 기대에 장사꾼은 충실해야 한다. 손님에게 건네는 과일에 대해 장사꾼의 마음속에 조금이라도 불편함이 있으면 안 된다. 내 손님을 위해 가장 좋은 과일을 드렸다는 뿌듯함만 있어야 한다. 그 과일이 100% 맛이 좋다고는 장담할 수 없지만, 손님도 그 과일이 맛이 부족했다고 말하지는 않는다. 장사꾼의 마음을 알기 때문이다.

'고객의 과일냉장고를 지배하는 법'이라고 제목은 거창하게 달았지만, 역시나 장사는 사람과 사람이 만나는 것이고 마음과 마음이 교류하는 일이다. 손님에게 정성을 다하는 장사꾼의 마음가짐이 중요하고, 그 마음을 알아주는 손님이 있을 때 서로에게 즐거움이 되는 것이 아닐까 한다. 고객의 마음을 채울 수 있다면 고객의 과일냉장고는 나의 과일로 저절로 채워지게 될 것이다.

내 손님들이 어디에 있는지 바로 알기

과일이 팔리는 가장 좋은 자리

과일은 가게 앞에 노출하여 진열하는 경우가 많기 때문에 방향이 정말 중요하다. 오후 2시 이후로는 해가 들지 않는 북향이나 동북향이 좋다. 햇볕이 잘 드는 남향이나 저녁의 강렬한 석양이 드는 서남향, 서향 자리는 과일을 노출해서 진열할 수 없으므로 반드시 피해야 할 방향이다.

외부에 과일을 진열하고 안 하고는 매출에 큰 영향을 미친다. 가게 옆에 대형 프랜차이즈 빵집이나 31가지 아이스크림을 파는 매장처럼 사람을 많이 끌어들이는 가게가 있으면 이 가게들이 내 손님을 불러주는 역할도 해주니 장사에 많은 도움이 된다. 앞에 횡단보도가 있다면 최고라고 하겠다. 사람이 많이 오가기도 하지만, 초록불이 들어올 때까지 기다리면서 과일을 보고 있으면 자연스럽게 매출로 이어지기 때문이다. 이렇게 사람이 많이 유입이 되고 머무를 수 있는 자리를 선택하는 것이 좋다. 준비된 자금이 문제이기는 하겠지만, 감당할 수 있다고 판단되면 무리해서라도 좋은 입지에 자리 잡는 것이 더 좋다.

소비자가 모이는 곳을 찾아라

요즘은 길을 다니다 보면 눈에 잘 띄고, 사람도 많이 다니는 곳에 잠깐 주차하기도 좋은 자리인데 임대 광고가 붙어 있는 상가들을 흔히 볼 수 있다. 전통적인 상권 분석의 기준으로 봐서는 정말 좋은 자리인데도 말이다. 그만큼 경기가 좋지 않다는 것일 수도 있지만, 내가 경험해보고 많은 선배 장사꾼들의 말을 들어봐도 지금까지 경기가 좋은 시절은 없었다. 늘 어려웠고, 그 어려움을 헤쳐 나가면서 장사를 했다는 것이 맞을 것 같다. 경기를 탓하기보다는 사람이 오프라인보다는 온라인에 머물고 있다는 것을 인정하고 온라인에서의 매출을 발생시켜야 한다.

네이버 스마트스토어나 11번가, G마켓 등 오픈 마켓에 입점하거나 티몬, 쿠팡 등 SNS 채널에 입점할 수도 있겠지만, 이런 형태는 가게보다는 창고형 유통 구조로 접근하는 것이 좋다. 이런 마켓보다는 동네 단골 장사를 해야 한다면 폐쇄형 채널인 네이버 밴드나 네이버 카페, 카카오톡 채널을 운영하는 것도 좋다.

네이버에서 제공해주는 네이버 스마트플레이스에 가게를 등록

하는 것도 정말 중요하다. 손님의 대부분은 네이버 검색을 통해서 동네 가게 정보를 매우 많이 얻고 있기 때문이다. 외부에서 오는 손님들을 위해서 카카오내비나 티맵 등 내비게이션 서비스에 상호를 등록하는 것도 빠트리지 말자.

현재 50대들도 인터넷에서 많은 정보를 얻고 있다는 것을 알면 대부분의 소비자들은 인터넷이라는 가상공간에서 소비를 결정한다는 것을 알 수 있다. 현실 공간은 사람이 이동하거나 공간을 빌리는 개념으로 이해하면 될 것 같다. 예를 들어 검색 사이트에서 식당을 검색하고 음식을 정하고 심지어 결제까지 마친 상태에서 실제로 식사하는 공간만 빌리는 개념이다. 과일 가게도 마찬가지다. 네이버 밴드나 네이버 카페, 카카오톡 채널 등에서 과일을 보고 결정하고 배달을 시키거나 매장에 와서 픽업만 해가는 형태의 소비 패턴이 지금은 주류로 자리를 잡아가고 있다.

나이가 많으신 선배 사장님 중엔 과거 70~80년대에는 돈 셀 시간이 없을 정도로 장사가 잘됐는데 지금은 장사가 너무 안 돼서 가게 문을 닫아야 한다고 하시는 분들이 많다. 시대적 트렌드를 따라가기 어렵기 때문에 그런 것이다. 과일 장사뿐 아니라 대부분의 소비가 온라인에서 이루어지고 있으니 누가 봐도 전통적인 상권 분석으로는 매장의 위치가 좋다고 판단되는 상가가 공실로 오래 나와 있는 것이 무리가 아닐 것이다. 소비자가 어디에 머무르고 있는가를 아는 것이 장사의 시작과 끝이라도 해도 무리가 아닐 것 같다.

SNS는 선택이 아닌 필수다

소비자들이 온라인상에서 소비를 일으키는 구매 패턴을 파악했다면 네이버 밴드, 네이버 카페, 카카오톡 채널 등의 폐쇄형 온라인 매장을 개설하고 손님들을 모아야 한다. 어느 채널이 좋다 나쁘다 할 수는 없고, 본인에게 가장 잘 맞는 채널을 택하는 것이 가장 좋을 것 같다.

40~50대의 연령대는 네이버 밴드나 네이버 카페를 활용하는 빈도가 높고, 30~40대의 연령대는 카카오톡 채널의 사용자가 많다. 10대는 제외하고, 20~30대는 인스타그램에 많이 머무르는 연령대다. 이렇게 어느 연령대가 어느 채널에 모이고 있는가에 대해서도 세심한 정보 습득이 필요하다.

어느 채널에 매장을 오픈했다 하더라도 바로 매출이 나오지는 않는다. 그래서 몇 번 하다가 그만두는 사람이 정말 많다. 초창기에는 시간 투자 대비 매출이 너무 안 나오기 때문이다. 하지만 느리더라도 사람이 조금씩 모이다 보면 작은 매출이라도 발생하고 그 매출을 키워나가야 한다.

아니면 오프라인 매장에 방문한 손님들에게 혜택을 주면서 온라인 채널로 유입을 시켜나가면서 회원 수를 늘려나가는 것도 좋은 방법이다. 오프라인 매장에서 구매 경력이 있다면 내 과일이나 서비스를 경험해본 사람이라는 것이고, 그것에 만족을 했다면 온라인 채널로 유입될 가능성이 매우 높다.

온라인 채널에서는 실시간으로 주문을 받을 수 있고, 주문량에 따라 과일을 얼마나 준비해야 하는지 알 수 있기 때문에 약간의 할인을 해줄 수 있는 여유가 생기게 마련이라 소비자들은 맛있고 신선한 과일을 구매할 수 있어 만족도가 매우 높아진다. 흔히 말하는 충성고객을 확보할 수 있는 좋은 기회가 되는 것이다.

오프라인 매장과 폐쇄형 온라인 매장을 조화시켜라

이렇듯 오프라인 매장과 온라인 매장이 서로 톱니바퀴가 물려 돌아가듯 조화를 이루어 운영이 된다면 장사는 정말 수월해진다. 온라인 매장의 매출이 너무 저조하다고 오프라인 매장만 신경을 쓰게 된다면 수요에 대한 예측이 어려워서 재고를 많이 안고 가야 하는 부담이 있다.

재고를 많이 안고 간다는 것은 내 과일의 신선도가 떨어질 수 있는 치명적 단점이 있다는 점을 알아야 한다. 반대로 온라인 매장만을 키우다 보면 오프라인 매장의 손님들이 구매를 하지 못하고 돌아가는 경우가 빈번하게 생기게 되고, 그런 횟수가 늘어날수록 동네에서 '저 가게는 예약하지 않으면 과일을 살 수 없는 가게'라는 인식이 퍼져 손님들의 발걸음을 원천적으로 차단해버리는 경우가 발생할 수 있다. 서로의 장단점을 파악해서 적정한 비율로 운영의 묘를 살려서 각각의 매장이 시너지를 극대화시킬 수 있도록 운영을 하는 것이 가장 바람직하겠다.

배달은 이제 기본 중에 기본이다

배달 시장의 급성장에 주목하라

최초의 배달 음식이 자장면인지는 잘 모르겠으나 내가 기억하는 최초의 배달 음식은 자장면이다. 초등학교 시절 자장면 한 그릇이 500원 했으니 꽤나 오랜 시간이 흐른 듯하다. 당시에 중국집에 자장면을 시키면 아저씨가 큰 자전거를 타고 한 손은 자전거 손잡이를 잡고, 다른 한 손에는 철가방을 들고 배달해주셨다. 지금처럼 흔하게 먹을 수 있는 음식이 아니라, 생일이나 졸업식 같은 특별한 날에나 먹을 수 있었다. 그렇게 자장면에 국한되었던 배달 시장이 1990년대 초에 치킨이 나오면서 급성장하지 않았나 싶다.

이후로 피자가 합세를 하면서 음식 배달이 하나의 트렌드로 자리를 잡더니 배달의 민족, 요기요, 배달통 등의 배달 앱이 나오면서 배달 시장은 거대한 공룡이 되었다. 음식 배달뿐만 아니라, 온라인

시장이 성장하면서 택배 시장도 빠른 시간 내에 엄청나게 커졌고, 익일배송, 총알배송, 새벽배송 등등 배달의 전쟁이라고 해도 무색하지 않을 정도로 기업들이 배달에 사활을 걸고 있다.

얼마 전까지만 해도 3,000억 정도의 시장밖에 되지 않던 배달 시장이 최근 들어 20조의 시장으로 성장했다고 하니 얼마나 성장했는지는 수치상으로도 금방 알 수 있을 것이다. 이렇게 배달이 산업의 한 축으로 중요한 위치를 차지하고 있다면 소규모 자영업을 영위하는 과일 가게라 하더라도 배달에 집중을 해야 한다.

과일 장사를 좀 했다는 선배들의 말을 들어보면 다른 것은 몰라도 과일은 가게에 와서 신선도는 어떠한지, 맛은 어떠한지를 보고 사는 것이기 때문에 배달 시장에 적합하지 않는 품목이라고 말하는 경우가 많다. 배달은 한다손 치더라도 소비자들이 매장에 와서 과일을 고르고 배달을 해달라는 경우라면 해줄 수 있다고도 한다. 하지만 내 생각은 좀 다르다. 이미 많은 손님들은 과일이 아니더라도 배달을 받는 것에 익숙해져 있다. 클릭 한 번으로 옷에서부터 화장품 등 모든 잡화는 물론이고, 과일을 포함한 모든 식료품들이 배달되고 있다. 하물며 냉장 생선에 정육까지 배달이 되고 있으니 세상에 배달이 안 되는 상품은 없다.

소비자의 입장에서 생각해보면 굳이 무겁게 과일을 들고 돌아다닐 이유가 없고, 집에까지 들고 올라갈 일도 없다. 그만큼 배달은 편리한 것이고, 소비자들은 이미 그 편안함에 익숙해져 있다. 과일 장사를 한다고 하면 우리는 이제 익숙해진 소비자들의 편안함을 충족시켜줘야 할 것이다.

배달도 하나의 서비스이자 상품이다

배달을 잘하는 것도 매출을 올리는 데 크게 한몫을 한다. 집에 사람이 있는 경우야 별 어려움 없이 갖다주면 되지만, 대부분은 부재중인 경우가 많다. 실제로 내가 배달을 해보면 손님을 대면해서 과일을 건네주는 비율은 10%도 채 되지 않는다. 90% 이상은 손님을 만나지 못하고 문 앞에 놓고 와야 하는 상황인데 이때에 손님들에게 꼭 해야 하는 서비스가 몇 가지가 있다.

첫째, 배달 전에 예상 도착 시간을 알려주는 것이다. 전화든 문자로든 예상 시간을 고지해주면 고객들은 그 시간에 맞추어 스케줄을 조절할 수 있기 때문이다. 굳이 스케줄을 조절하지 않더라도 내가 주문한 물건이 출발해서 오고 있다는 것을 미리 알게 되니 소비자들은 좋아한다.

둘째, 손님들이 집에 계시지 않아 문 앞에 두고 올 경우에는 가지런히 두고 사진을 찍은 후에 손님들에게 과일 배송이 잘되었음을 문자로 확인시켜주면 좋다. 소비자들은 자신의 물건이 어떻게 이동되고 있는지, 언제 도착하는지, 도착이 잘 되었는지에 관심을 많이 갖고 있다.

도착해야 할 시간이 되었는데 오지 않는다면 심리적으로 불안해지고, 그 불안함이 커지면 불만족으로 클레임이 발생하기 마련이다.

사진을 찍어 문자를 보내줌으로써 심리적 안정감도 주고, 발생할 수 있는 클레임을 미연에 방지하기 때문에 빠트리지 않아야 하는 배달의 주요 과정 중에 하나라고 생각해야 한다.

셋째, 과일을 눈으로 보고 주문한 것이 아니기 때문에 과연 정말 만족할 만한 과일이 올까 하는 의심을 할 수 있다. 때문에 배송이 잘 되었음을 알려주는 사진 전송과 함께 과일이 만족스럽지 않은 경우에는 AS를 꼭 해주겠다는 안내를 같이 해주어야 한다.

손님이 매장에 와서 과일을 구매하는 것이라면 눈으로 신선함을 확인하고 맛을 확인하고 마음에 들지 않으면 구매를 안 하면 그만이다. 하지만 배달은 다르다. 우선 신선함을 확인할 수 없고, 맛도 확인하지 못한 상태에서 가격을 지불하고 배달을 요청했다.

그런데 신선하지 못하고 맛도 없다면 손님 입장에서는 교환이나 환불을 위해 오지 않아도 되는 매장을 다시 방문해야 하니 불편하기 짝이 없다. 이런 소비자의 불만과 불편함을 해소해주면 내 가게에 대한 신뢰도를 높여줄 수 있고, 판매한 과일에 대해 끝까지 책임을 진다는 믿음을 줄 수 있다. 그런 손님이 한 분, 두 분 늘어나면서 단골이 되고 장사를 안정적으로 할 수 있는 토대를 마련할 수 있는 것이다.

배달 후, 현금영수증 발행으로 재구매를 일으켜라

배달을 마쳤다면 매장에 돌아와서 마지막으로 해야 할 일이 있다. 바로 현금영수증을 요청하신 손님들에게 발행하여 문자로 전송

해드리는 일이다. 매장이 한가하다면 일을 미루는 것은 좋지 않기 때문에 가급적이면 당일 현금영수증을 처리해주는 것이 좋다.

하지만 시간에 쫓기다 보니 당일에 발행하지 못하는 경우가 많다. 그럴 때는 늦더라도 꼭 현금영수증을 발행하고 문자로 안내를 드린다. 보통은 시간적 여유가 있는 주말을 많이 이용하는데 이렇게 현금영수증을 발행하여 문자를 보내드리면 또 좋은 점이 하나가 있다. 예를 들어 3일 전에 배송을 마친 건에 대한 현금영수증 발급 문자를 드리면 손님들로부터 감사하다는 내용과 함께 과일이 맛있었다며 추가 주문 문의가 들어온다. 이런 이유로 손님들에게 양해를 구하고 현금영수증 발행을 당일 발행이 아닌 시간을 좀 늦추는 전략을 구사해도 좋을 것 같다. 당연히 해야 할 일을 하면서도 매출을 늘릴 수 있는 유용한 방법 중에 하나다.

배달 준비 과정에서도 매장의 매출을 극대화시킬 수 있다

물건이 팔리는 이유는 여러 가지가 있을 것이다. 장사꾼의 유창하고 재미있는 말솜씨가 매출을 올려줄 수도 있고, 보기에도 아까울 정도로 예쁘고 좋은 과일을 진열하는 것으로 매출이 올라갈 수도 있다. 또는 한 가지 품목을 산더미처럼 쌓아놓는 물량 공세로도 매출을 끌어올릴 수가 있다. 손님이 내 가게 앞에 줄을 서면 그 과일 가게는 대박이 나는 과일 가게일 것이다.

여기서 줄을 선다는 것에 집중을 해보자. 손님이 줄을 선다는 것은 그 집 과일이 정말 맛있기 때문에 줄을 서면서까지 과일을 사려고 하는 것이라는 것은 쉽게 생각해도 알 수 있을 것이다. 하지만 사람을 줄을 세우는 일이 어지간해서는 정말 쉽지 않다.

그렇다면 줄을 세우는 것을 다른 것으로 바꾸면 어떨까? 사람이 아니라 배달 주문이 들어온 과일을 포장한 후에 바로 싣고 배달을 나갈 것이 아니라 배송 대기 중인 과일을 가게 앞에 줄을 세우는 것이다. 과일이 줄 서 있는 것은 사람이 줄 서 있는 효과와 동일하게 나타난다. '저 과일 가게는 배달이 저렇게 많아?', '맛있으니까 주문하는 사람이 많다는 것이겠지? 나도 한 번 시켜볼까?'라는 생각이 들기에 충분하다. 이왕 주문이 들어온 배달이라면 매장 매출을 높이는데 적극 활용을 해야 한다. 비싼 비용을 들여서 광고도 하는 마당에, 그보다 광고효과가 훨씬 좋은데 비용도 전혀 들지 않으니 이보다 좋은 광고는 없을 것 같다.

배달을 하지 않고 매장에 오는 손님들만을 상대로 장사를 하면 솔직히 장사는 편하다. 이것저것 신경 쓸 일도 현저히 줄어들고 여유 있게 장사를 할 수도 있다. 하지만 분명한 것은 내 몸이 편한 만큼 매출이 줄어들고, 내가 고단한 만큼 매출이 올라간다.

배달이 쉽지는 않지만 포기해서는 안 되는 서비스라고 생각한다. 더구나 내 가게가 큰돈을 들여서 차린 특급 상권이라 배달 없이도 매출이 많은 가게가 아니라면, 장소의 불리함을 극복할 수 있는 방법은 배달을 늘리는 것이 최선이라고 생각한다.

나의 타깃 고객은 내 과일을 먹어본 손님이다

또 하고 싶은 경험과 다시는 하기 싫은 경험

나는 어려서부터 아버지를 따라다니면서 낚시를 접했고, 2001년부터는 쏘가리 낚시를 시작하면서 낚시의 매력에 푹 빠지게 되었다. 쏘가리는 강계의 제왕이면서 그 자태가 수려하다. 낚아 올려서 만나는 쏘가리의 매력에 푹 빠지기도 하지만 그보다는 걸었을 때 낚싯줄을 타고 오는 쏘가리의 움직임이 고스란히 느껴진다. 낚시꾼들이 말하는 손맛이라는 것이다. 쏘가리는 다른 물고기에서는 느낄 수 없는 쏘가리만의 손맛이 있다. 그 손맛을 느껴본 사람이라면 마니아가 되지 않을 수가 없다.

2003년 충북 제천에 있는 청풍호에 간 적이 있다. 거기서 당시에는 우리나라에서 가장 높다는 62m 높이의 번지점프를 한 적이 있다. 아파트 15층 높이도 더 되어 보이는 것 같았다. 번지점프대에 섰을 때의 그 심장 두근거림은 지금도 생생하게 기억이 난다.

머릿속으로는 두 팔을 벌리고 부드럽게 수직 하강하는 모습을 그리며 올라갔는데, 실제로 뛰어내리는 모습은 무릎도 제대로 펴지 못하고 엉거주춤한 모습이었다. 뛸 때는 그런 것조차 생각할 수 없을 정도로 혼이 빠진 상태였는데, 인증서를 받아보니 찍힌 사진에는 세상 볼품없어 보이는 모습이었다.

찍힌 모습이야 어찌 되었든 번지점프에 성공했고, 그 무서움은 내가 겪은 무서움 중에 단연 으뜸에 속했다. 그 후로 경험이 있는 번지점프이지만 전혀 하고 싶지도 않았고 할 수도 없었다.

손님에게 어떤 맛을 줄 것인가

사람은 경험을 통해서 어떤 느낌을 받느냐에 따라 그것을 좋아할 수도 있고, 싫어할 수도 있다. 좋은 경험이라면 계속하고 싶어지는 것이 당연하고, 싫은 경험이었다면 때로는 트라우마로 남아 생각하는 것조차 싫어지는 경우가 있다. 낚시를 하며 느꼈던 그 짜릿한 손맛이 취미가 되고 계속하고 싶게 만들고 낚시 갈 때의 그 설렘이 삶의 활력소가 되었지만, 번지점프에서 얻는 그 공포가 다시는 번지점프를 하고 싶지 않게 만들었다. 그렇다면 장사를 하는 내 손님은 과일대통령에 대해 어떻게 생각을 할까? 나는 손님들에게 맛으로 즐거움을 주었는지, 불쾌함을 주었는지 되돌아보는 시간을 반드시 가져야 한다. 내가 준비한 과일을 먹고 맛으로 즐거움을 느낀 손님이라면 당연히 과일대통령에 대한 이미지도 좋을 것이고, 과일대통령으로 향하는 발걸음도 가벼울 것이다.

가족과 함께 둘러앉아 먹는 맛있는 과일이 생활의 즐거움이 될 것이다. 낚시가 내 취미가 되었듯 손님들은 과일대통령의 단골이 되는 것이다. 하지만 과일대통령에서 구입한 과일이 맛은 전혀 느낄 수 없고, 소비자 입장에서 돈만 아깝다는 생각이 든다면 그 손님의 머릿속에 과일대통령은 자리를 잡을 수가 없다. 번지점프를 다시는 하지 않겠다는 굳은 내 의지가 생겼듯이 그 손님은 다시는 과일대통령으로 발길을 돌리지 않겠다는 굳은 의지가 생겼을지 모른다. 과일장사는 너무 많은 변수 때문에 모든 소비자를 만족시키기 어렵다는 것은 인정을 한다. 소비자의 만족을 최대한 끌어올리기 위한 노력이 결코 쉽지가 않다. 그래도 그 만족을 위해 최선을 다해야 하는 것이 과일 장사다. 내 가게로 발길을 옮겨주는 손님이 많도록 맛으로 즐거움을 주는 것이 장사꾼이 해야 할 첫 번째 목표인 것이다.

나의 타깃 고객은 누구인가

맛으로 불쾌함을 주어서 내 가게로 발길을 끊는 손님이 없도록 노력하는 것은 어렵지만 꼭 해야 할 장사꾼의 첫 번째 목표라는 것은 기본으로 남겨두고, 이제는 과일의 맛에 만족한 손님이 다시 방문을 했을 때, 이 손님을 단골로 만드는 것이 내 장사를 가장 빠른 시간 내에 자리 잡게 하고 안정적으로 운영을 할 수 있도록 하는 가장 큰 에너지라는 것을 기억하자. 재방을 한 손님이라면 처음 구매에서 과일에 대해 만족했을 가능성이 상당히 높다. 그래서 그 만족을 다시 갖고 싶어 찾아왔다 해도 무리는 없을 것이다. 그런 손님들의 고객 정보를 수집하는 것이 매우 중요하다.

사람들은 본인에게 아무런 도움이 되지 않거나 관심이 없는 분야의 광고 문자에 대해서는 불쾌함을 느끼기도 하고, 심한 경우 휴대폰에서 번호를 차단해버리는 경우도 많다. 하지만 본인에게 작아도 이익이 되고, 자신의 시간을 줄여줄 수 있거나 자신이 관심 있어 하는 광고 문자에 대해서는 호의를 갖는 경우가 많다.

고객의 정보를 받으면서 “정말 맛있는 과일이 들어오면 문자 드려도 될까요?”, “산지에서 맛있는 과일이 가격은 저렴한데 많은 물량을 처리해줘야 할 경우가 있을 때 문자 드려도 될까요?”라는 공지를 미리 하면 손님들은 과일 가게에서 보내는 문자에 대해 거부반응을 보이지 않는다. 오히려 문자를 기다리는 손님들도 많이 계시고, 문자를 보냈을 경우 매출이 확연히 올라간다는 것도 확인할 수 있을 것이다. 내 과일을 먹어보고 만족을 느낀 재방 손님을 타깃 고객으로 정하고 그 손님에게 집중해야 하는 이유다.

손님 한 명을 위해 최선을 다했던 때를 기억하자

현재 어떤 형태의 가게를 운영하든 가게를 운영하고 있는 사장님이라면 그 장사를 시작할 때 얼마나 어려웠는지 기억할 것이다.

손님을 한 명이라도 더 오게 하려고 전단지를 만들어 배포하고, 전단지를 갖고 오면 얼마를 할인해주고, 고객 등록을 하면 사은품으로 라면이나 휴지를 주거나 했을 것이다.

재정적으로 여유가 없이 시작하셨던 분이라면 본인이 직접 밤잠 안 자면서 가가호호 전단지를 붙였을 것이고, 주위 상가 사람들에게 어필하기 위해 새벽 일찍 나와서 주변 쓰레기를 주웠다거나 오전에 주변 상가 사장님들에게 야쿠르트를 돌리면서 즐거운 하루 되시라고 인사를 드린 분들도 계실 것이다.

그렇게 해서 한 분 한 분 손님이 늘어날 때 그 손님에 대한 고마운 마음을 기억하고 계신 분들이 많이 있을 거라는 생각이 든다. 나도 경험을 했고 이 글을 읽고 있는 다른 업종의 사장님들도 경험을 했듯이 장사꾼에게는 손님 한 분이 얼마나 소중한가?

그렇게 절박하고 절실한 마음으로 한 분 한 분 정성을 다한 손님을 그냥 놓치고 새로 신규고객을 만들어야 하는 어려움을 되풀이하기보다는 다시 내 가게를 찾아준 손님에게 정성을 다하는 것이 수고로움이 덜할 것이다. 내 과일을 좋아해주시고 다시 찾아주시는 단골 손님들에게 진심으로 감사한 마음을 전해드리고 싶다. 그리고 최선을 다해 만족을 드리도록 노력하겠다는 약속도 드리고 싶다.

구매저항선을 낮춰라

가족 구성의 변화가 장사에 큰 영향을 미친다

베이비부머 세대인 1953~1962년에 태어난 세대들은 한 가족에 형제자매가 보통 7~8명씩 되었다. 우리 아버지 세대나 삼촌 세대를 보면 알 수 있을 것 같다. 이때는 한 집안에 식구가 많다 보니 쌀을 살 때에도 80kg씩 담겨 있는 한 가마씩 구입해도 한 달이면 동나는 때였다.

1976년생인 본인의 세대에는 형제가 3~4명은 되고, 이후 조카나 아들 세대에는 1~2명으로 줄어들었다. 2019년 우리나라 출산율이 0.88명으로 세계 최저의 출산율이라고 하니 인구 감소의 심각성이 크다고 할 수 있다.

지금 마트에 가보면 쌀의 포장 단위가 우리 아버지 세대와는 확연히 다르다는 것을 알 수 있다. 1kg짜리 포장부터 대용량이라고 해야 20kg 포장이다. 대부분 잘 팔리는 포장 단위는 10kg 포장이나 4kg 포장이다.

그만큼 핵가족을 넘어 초핵가족 사회이거나 1인 세대로 구성되는 가족 단위가 보편화되고 있다는 것에 장사꾼들은 민감하게 반응을 해야 한다. 실제로 혼밥, 혼술이 유행을 하고 있고 식당이나 카페에도 1인 손님을 위한 테이블의 숫자가 늘어나고 있다는 것을 그냥 흘러보내지 말자.

장사는 트렌드에 민감해야 하고, 추세에 민감해야 한다. 백날 목이 좋다는 자리에서 장사를 한다고 하면 뭐 하나. 손님은 이미 온라인 시장에서 구매를 하고 있는데 은행을 옆에 두고 교차로 앞에 가게를 오픈했는데 왜 손님이 오지 않는지 한숨만 쉬고 있어 봤자 아무 소용이 없다. 그것은 시간 낭비일 뿐이고, 돈 낭비일 뿐이며, 안 오는 손님이 밀물처럼 몰려들 거라는 상상일 뿐이다.

소포장에 집중해야 한다

과일의 종류에 따라 출하되는 포장 단위가 각각 다르다. 귤 같은 경우는 1.5kg, 3kg, 5kg, 7.5kg, 10kg 단위로 출하가 되고, 사과는 5kg, 10kg, 15kg, 20kg 단위로 출하가 된다.

다른 과일들도 차이는 있지만, 소포장부터 대용량 벌크 포장까지 다양한 단위로 출하가 되고 있다. 다양한 포장 단위가 나오지만, 판매되는 규격을 보면 단연 소포장 과일의 판매가 월등히 높다는 것은 장사를 조금만 해봐도 금방 알 수 있다. 앞서 말한 가족 구성의 변화가 있으니 소비의 형태도 당연히 소포장 위주로 될 수밖에 없는 것이다.

이렇게 소포장이 보편화되면서 나타나는 현상이 있다. 바로 가격의 인상이다. 예를 들어 귤을 10kg 박스에 담을 경우 10kg을 담을 수 있는 박스 한 장이면 된다. 가격으로 치면 보조금을 받지 않는다 해도 1,500원 남짓이다.

하지만 이것을 1.5kg으로 소포장한다면 1.5kg을 담을 수 있는 박스가 7장이 있어야 한다. 한 장에 700원이다. 일곱 장이면 약 5,000원 정도가 소요된다. 포장을 하는 박스 값에서만 3배 이상의 비용이 추가되는 것을 알 수 있다. 여기에 소요되는 인력이 더 있어야 하고, 운송을 위한 화물비가 추가된다.

소포장이기에 가지런히 담아야 하고, 브랜드화시키기 위한 스티커를 붙이는 것도 일반화되어 있다. 소포장으로 인한 가격 인상 요인이 너무나 많다. 그래도 소비자들이 소포장을 구입하는 이유는 못 먹어서 버리느니 차라리 먹을 만큼만 사는 것이 더 현명한 소비라는 것 때문이다. 맞는 소비 패턴이다.

하지만 다른 가게와의 경쟁에서 이기기 위해서는 같은 물건이라면 가격 우위에 있어야 하는 것은 당연한 것이다. 똑같은 소포장의 과일을 갖고 경쟁을 한다면 내 이익이 줄어들어야 하고, 내 이익을 지키기 위해서라면 상대적으로 가격경쟁력이 좋은 대용량 포장을 판매해야 하는 어려움을 감수해야 한다.

소분화 전략으로 가격을 만족시켜라

소포장 규격의 과일의 판매율이 점점 높아지고 있다는 것도 앞서 언급했고, 소포장 규격의 가격이 대용량 규격보다 높을 수밖에 없는 요인들에 대해서도 설명을 했다. 이런 소포장 규격의 과일을 판매하면서 장사꾼의 이익을 극대화시키기 위해서는 소비자들에게 비싸게 판매를 하면 된다.

소비자의 이익을 극대화시켜주기 위해서는 장사꾼이 이익을 현저히 줄이면 된다. 그런 중에 생각을 좀 달리하여 소비자들에게 충분한 가격적 만족을 주면서도 장사꾼의 이익을 지킬 수 있는 방법으로 생각해낸 것이 대용량 과일의 소분을 통한 판매였다.

소분이라는 것은 어느 과일 가게나 하고 있는 판매 방식이다. 대용량 벌크 과일을 매입해서 바구니 포장이나 트레이 포장으로 소분을 해서 판매를 한다. 예전부터 그렇게 해왔고, 지금도 그렇게 하고 있고, 앞으로도 그렇게 할 판매 방식이다.

똑같은 소분을 하면서 별다를 것이 있겠냐는 물음이 당연히 나올 수 있는데, 아주 사소한 것이지만, 판매에서는 그 무엇보다 큰 힘을 발휘하는 게 박스 소포장이다. 예를 들어 출하 때부터 소포장으로 나온 1.5kg 귤의 가격이 1만 원이라고 하면 10kg의 대용량을 1.5kg으로 바구니 소분을 했을 경우 8,000원에 판매를 한다고 하면, 과일대통령이 하는 방법은 작은 박스에 1.5kg으로 소분을 하고 8,500원을 받는다.

바구니 소분에 비해 500원이 비싸지만, 이 박스를 다시 매장에 갖고 오면 500원을 돌려주는 캐시백 박스인 것이다. 캐시백을 받기 위해 매장에 한 번 더 방문을 해야 하기 때문에 추가 매출을 기대할 수가 있고, 실제로 그 효과는 매우 높게 나타난다.

그리고 캐시백 박스의 가장 큰 장점은 '박스'라는 것에 있다. 소비자들에게 "한 바구니 8,000원입니다"라고 말하면 당연히 그 가격이라고 생각을 한다. 하지만 "한 박스에 8,500원입니다"라고 하면 소비자들에게는 '어머 한 박스에 8,500원밖에 안 해!'라는 느낌으로 다가오고, 캐시백까지 해준다고 하니 더 싸게 느껴지는 것이다.

이때의 비교 대상은 한 박스에 1만 원짜리 소포장 귤과 비교되기 때문에 훨씬 저렴하면서도 추가 이익을 얻을 수 있다는 것으로 받아들여서 그런 것 같다는 것이 캐시백 박스로 소분 판매하면서 얻은 결론이다.

소비자의 구매저항선을 낮추는 방법

적게 사자니 비싸고, 싸게 사자니 많이 사야 한다. 소비자들은 늘 이런 고민을 갖고 있다. 장사꾼의 입장에서도 마찬가지다. 소분해서 팔자니 내방객 수가 많아야 하는데 그렇지를 못하고, 대용량으로 팔자니 손님들이 부담스러워 한다. 장사꾼이나 소비자나 모두에게 부담스럽다.

그런 부담이 존재한다는 것은 모두 인정하는 부분이니 모른 척 감수하고 장사를 하면 된다고 할 수 있을 것 같다. 하지만 방법은 늘 고민하는 사람이 찾게 되고, 새로운 길은 길이 없는 곳을 헤쳐 나가는 사람이 만드는 것이다. 장사꾼이 조금이라도 소비자들의 입장에서 생각해본다면 장사에 대한 해법은 쉽게 찾을 수 있다는 것을 말하고 싶다.

혹시 장사 스타일이 달라서 박리다매 스타일로 장사를 하는 분들이라면 '그냥 손님들이 부담 없이 살 수 있도록 싸게 팔아서 많이 팔면 되지'라고 생각하는 사람들도 분명히 있을 것이다. 그 방법이 틀리다고도 생각하지 않는다.

하지만 그렇게 다매를 할 수 없는 상황에서 장사를 해야 하는 사람들도 있을 것이고, 초보 장사꾼이라면 다매의 어려움은 생각보다 클 것이다. 소비자의 구매저항선을 낮춰준다는 거창한 말 말고, 소비자들이 부담 없이 싸게 살 수 있으면서도 장사꾼의 이익을 지킬 수 있는 방법은 또 있을 것이다. 그것을 찾는 것이 칭찬받는 장사꾼의 길이라는 것을 기억하자.

장사에도 파레토의 법칙은 통한다

재미있는 파레토의 법칙

이탈리아의 경제학자 빌프레도 파레토(Vilfredo Pareto)는 우연한 기회에 개미들이 일을 하는 모습을 보게 되었다. 유심히 살펴보니 부지런함의 대명사로 알려진 개미들이 모두 부지런히 일을 하는 것이 아니었다. 전체 개미의 20%만 열심히 일을 하고, 나머지 80%의 개미들은 일을 하지 않는 것을 확인하게 된 것이다.

파레토는 열심히 일을 하는 20%의 개미들만 따로 모아놓으면 그 개미들은 모두 열심히 일을 할까 하는 궁금함에 그 개미들만 모아놓았더니 신기하게도 앞선 결과와 동일한 모습을 확인했다고 한다. 열심히 일을 하던 20%의 개미들만을 따로 모았음에도 그중에 20%의 개미들만 열심히 일을 하고, 나머지 80%의 개미들은 일을 하지 않았다는 것이다.

빌프레도 파레토는 이것이 인간 사회에도 적용이 되는지 관찰해 본 결과 이탈리아 전체 인구 중에 20%의 인구가 이탈리아 전제 부 중에 80%를 차지하고 있다는 것을 확인하고 자신의 이름을 따서 '파레토의 법칙'을 만들었다. '조셉 주란(Joseph M. Juran)'이란 품질경영 전문가가 경영학에서 처음으로 '파레토의 법칙'을 사용하면서 알려지기 시작한 법칙이다.

보통은 '2:8의 법칙' 또는 '8:2의 법칙'이라고도 한다. 그런데 나라 경제뿐만 아니라, 실제 개인의 생활에 적용시켜봐도 잘 맞아떨어진다. 내가 입는 옷의 80%는 옷장에 있는 옷의 20%이거나 어떤 일에 집중을 할 경우에 내가 가진 80%의 에너지를 20%의 시간 동안에 쏟아붓는다는 것이나 내가 통화를 하는 전체 시간의 80%는 내가 아는 20%의 사람들과 통화한다는 것이다.

여기서 8:2라는 숫자에 얽매일 필요는 없다. 전체의 결과가 소수의 원인에 의해서 발생하는 현상이라고 정의하고 적용해보면 많은 부분에서 비슷한 결괏값을 얻을 수 있다는 것을 알 수 있을 것이다.

장사에 파레도의 법칙이 적용된다고?

이 법칙을 마케팅에 가장 많이 적용하고 있는 곳이 백화점이다. 백화점에 내방하는 전체 고객 중에서 상위 20%가 일으키는 매출이 전체 매출의 80%를 차지한다고 한다. 그래서 백화점에서는 VIP 마케팅에 초점을 맞추고 있다. VIP 카드를 발행해주거나 VIP 회원 전용 주차장을 확보해주기도 한다. 매장 입구에 차를 대면 주차요원이 주차를 대신해주는 발레파킹 서비스도 VIP 손님을 위한 특별한 서비스인 것이다.

같은 맥락으로 은행 같은 금융권에서도 프라이빗 뱅커(private banker)라고 해서 고액 자산가를 상대로 자문을 해주는 전문 PB센터를 두고 있기도 하다. 이들은 금융뿐만 아니라 부동산, 세무, 법률, 상속 등 비금융 업무에 대한 서비스도 제공한다. 이렇게 전체 이익의 80%를 창출해주는 20%의 우량 고객에게 집중하여 서비스를 제공하는 것이다.

과일 장사를 하는 장사꾼의 입장에서 백화점이나 은행 같은 대기업에서 하는 방법을 그대로 적용시켜 그대로 실행하는 것에는 무리가 있을 것이다. 그렇다고 그냥 무시하고 주먹구구식의 운영을 한다면 지속적인 성장을 기대할 수 없을 것이다.

과일 장사를 하면서 손님들은 언제 오는지, 누가 오는지, 오신 손님들의 평균 단가는 얼마이며, 어떤 손님의 매출 비중이 높은지 등에 대해서 꼼꼼히 분석해보면 우리가 장사를 효율적으로 할 수 있는 기초 자료는 충분히 얻을 수 있을 것이다. 앞서 말했듯이 파레토의 법칙이 8:2의 비율로 나타난다는 것이지만, 장사하는 우리가 반드시 8:2라는 비율에 고정될 필요는 없을 것이다.

장사를 하는 하루 중에 장사가 가장 잘되는 시간은 오후 3시부터 저녁 8시까지로 퇴근해서 집에 들어가는 시간까지가 피크타임이 된다. 하루 24시간 중에 5시간이니까 8:2의 법칙에 비슷하게나마 맞아

떨어진다. 파레토의 법칙이 장사를 하는 시간에도 적용이 된다는 것은 장사꾼이 그 시간에 집중을 해서 매출을 올려야 한다는 것이다.

파레토의 법칙은 시간 말고 매출에도 적용이 된다. 장사의 경험상 매출의 70% 이상이 앞에서 말한 시간에 발생한다는 것도 비슷하게 적용이 되는 부분이다. 장사꾼들이 말하는 시장을 이끄는 과일도 20%의 품목이다. 나머지 80%를 차지하는 품목은 흔히들 말하는 구색을 갖추는 과일들인 것이다. 시장을 이끄는 과일은 쉽게 말하면 가장 많이 팔리는 제철 과일이라고 생각하면 된다. 제철 과일이 전체 매출의 80%를 책임져주니 장사꾼은 제철 과일을 준비할 때에 특히나 신경 써서 준비해야 한다.

단골손님 잡기에 집중하라

지금 장사를 하고 있는 분이라면 가만히 생각해보자. 매장을 방문하는 전체 고객 중에 단골손님의 비율을 따져보면 거의 20% 수준이라는 것을 알 수 있을 것이다. 과일대통령의 경우는 손님들의 행복돼지를 만들고 그 행복돼지에 적립을 해드리고 있기 때문에 그 비율을 눈으로 확인할 수 있는 장점이 있다.

행복돼지가 3,000마리 정도 있으니 회원이 3,000명 정도 된다는 것이다. 그 행복돼지를 보면서 손님의 얼굴이 기억이 나는 경우는 1,000명 정도 되는 듯하다. 30% 이상의 손님을 기억하고 있다. 얼굴을 기억할 정도면 단골손님이라 해도 괜찮을 듯하다.(물론 얼굴을 기억하는 손님들이 현시점에서도 모두 내방을 하고 있다는 것은 아니다. 단골손님들도 영원한 단골손님은 없으며 영원한 뜨내기손님도 없다.)

파레토의 법칙보다 훨씬 많은 비율이다. 단골장사의 중요성은 파레토의 법칙이 말해주기도 하지만, 실제 장사를 하면서도 알게 모르게 느끼게 되는 것이다. 단골손님에게 집중해야 한다. 그 단골손님들이 내 전체 매출의 상당 부분을 채워주고 있기 때문이다. 좀 더 빠르게 성장하기 위해서 신규고객의 유치도 물론 중요하지만, 유입된 신규고객을 단골손님으로 전환시키는 부분에 집중하도록 하자.

비중이 낮은 80%에 대해 어떻게 하느냐도 중요하다

앞서 파레토의 법칙이 장사에도 민감하게 적용이 되고 있으니 집중해야 한다는 것을 설명을 했다. 잘못 오해하고 받아들이면 집중해야 할 부분은 20%이고, 나머지 80%에 대해서는 크게 신경을 쓰지 않아도 된다고 생각할 수도 있을 것 같은 노파심이 든다.

가게를 찾아주시는 손님으로 부연설명을 해본다면 전체 매출의 많은 부분을 소수의 단골손님이 올려주는 것은 맞지만, 그 단골손님도 역시나 처음에는 뜨내기손님으로 가게를 찾았을 것이다. 그 뜨내기손님에게 정성을 다하고 정직하게 판매하고 원하는 서비스를 제공했기 때문에 거기서 만족을 얻은 뜨내기손님이 단골손님이 되었다는 것을 잊지 말자.

과일을 준비하는 것에서도 마찬가지다. 최근 인터넷을 기반으로 하는 온라인 시장이 커지면서 다양한 물건과 서비스에 대한 수요가 늘어나면서 잘 팔리지 않던 물건이나 서비스의 판매 비중이 많이 올라왔다고 한다. 파레토의 법칙에 반대되는 '롱테일(long tail) 법칙'이다.

과일 장사도 온라인 비중이 계속 늘고 있는 추세에서 구색 과일로만 준비하던 과일들의 비중이 점점 높아지고 있다는 것을 느끼게 된다. 주력 과일의 맛과 신선도에 촉각을 곤두세우고 준비를 했다면 구색 과일에 대해서는 그다지 신경을 쓰지 않고 있는 대로 준비를 했다는 것을 인정하지 않을 수 없다. 이제부터라도 주력 과일에 못지않게 구색 과일의 경쟁력을 높이는 것에도 집중을 해야 할 시기다. 어쩌면 더 빠르게 집중하고 있는 경쟁자들이 있다는 것에 긴장해야 할 것이다.

좋은 과일을 고르는 기준을 명확히 설정하라

우리가 흔히 과일이라고 부르는 것들은 크게 두 가지로 나눌 수가 있다. 하나는 나무에서 자라서 수확을 하는 과실류가 있고, 줄기에서 자라서 수확을 하는 과채류가 있다. 이 모두를 통틀어서 과일이라고 부른다.

과실류 과일을 고르는 기준

나무에서 자라는 과일을 '과실류 과일'이라고 했다. 대표적인 과실류 과일은 사과, 배, 복숭아, 자두, 포도 등이다. 나무에서 자라기 때문에 한 번 심은 나무에서 길게는 20년 이상을 수확하지만, 과일의 맛을 위해서 농가에서도 노목은 잘라내고 애목을 심으면서 계속 농사를 짓는다.

농사를 짓는 농민의 기술력이 동일하다고 한다면 이런 과실류의 과일은 환경적 요인에 따라 맛의 차이가 생각보다 심하게 난다. 그 환경적 요인 중에서도 대표적인 것이 일조량과 과수원의 위치다. 일조량이야 해가 얼마나 비추는지에 대한 것이니 설명하지 않아도 알 수 있을 것이라 여기고 생략하겠다.

과수원의 위치는 저지대에 위치한 과수원이냐 고지대에 위치한 과수원이냐의 차이다. 결론은 고지대 과수원의 과일이 맛있을 확률이 매우 높다. 우리나라를 동서로 잘라서 비교를 해봐도 쉽게 알 수 있다.

동쪽인 경상도, 강원도 지역은 과수 농사가 주류를 이루고 있고, 서쪽인 전라도, 충청도 지역은 벼농사 등 곡물 농사가 주류를 이루고 있는 것을 알 수 있다. 동쪽은 산악지대가 많고 서쪽은 평야지대가 많아서 당연히 그런 것 아니냐고 할 수 있지만, 평야지대에 과수를 심지 말라는 법은 없다. 그럼에도 심지 않는 이유는 산악지대인 동쪽에서 생산되는 과일에 비해 경쟁력이 떨어지기 때문에 과수 농사를 짓는 것이 현저히 적은 것이다.

그렇다면 왜 고지대 흔히 말하는 고랭지 과일의 맛이 더 좋은 것일까? 그것은 일교차 때문이다. 온도의 차가 심하지 않으면 나무의 입장에서는 급할 것이 없다. 땅으로부터 얻는 양분을 뿌리에도 보내고, 줄기에도 보내고, 잎으로도 보낸다. 굳이 저장할 필요가 없다고 여기기 때문이다.

하지만 일교차가 심하게 나면 나무 입장에서는 급해진다. 겨울이 오고 있다고 판단을 하고 좋은 영양분을 '우성 유전'을 위해 씨가 있는 열매로 먼저 보낸다. 이런 이유로 과일의 맛이 더 좋아지게 되는 것이고, 그만큼 과수원 자리의 위치가 중요해지는 것이다.

그 외에도 과수원의 경사 정도, 토질의 상황, 과수원의 방향 등등 환경적 요인을 세심히 고려해야 맛있는 과일을 구할 수가 있다. 이것은 실제로 농가를 다니면서 확인해봐야 알 수 있는 것이고, 농민으로부터 듣고 배워야만 알 수 있는 부분들이다.

새벽 도매시장에 나온 생산자 정보와 위치 정보만으로는 이 과수원이 고지대인지 저지대인지를 알 수 없기 때문이다. 내가 시간만 되면 산지나 농가를 돌아다니는 이유가 바로 여기에 있다. 기억하자! 과실류 과일은 고랭지 과일을 고르는 것이 실패 확률이 적다는 것을.

과채류 과일을 고르는 기준

줄기에서 자라는 과일의 종류를 '과채류 과일'이라고 했다. 대표적인 과채류 과일은 딸기, 참외, 토마토, 방울토마토, 수박, 메론 등이다. 줄기에서 자라기 때문에 한 해 농사가 끝나고 나면 새로 모종을 심어서 키우고 열매를 수확해야 한다.

물론 과채류 과일 역시 환경적 요인이 중요하기는 하지만 과실류 과일에 비해 그 비중은 줄어든다. 오히려 땅을 가꾸는 농부의 기술력과 어떤 재배 방식이냐의 차이가 맛을 결정하는 데 더 크게 작용을 한다.

일단 과채류 과일들은 한 번 심은 줄기에서 과일을 따고, 따고 또 딴다. 농민들은 그것을 '화방'이라고 하는데 모종을 심어서 첫 번째 꽃이 핀 경우를 1화방이라고 한다. 꽃이 폈으니 열매가 맺히고 수확을 하면 1화방 수확 과일이 된다.

1화방 열매의 수확이 끝날 때쯤 되면 같은 줄기의 다른 곳에서 두 번째 꽃이 핀다. 역시 열매가 맺히고 수확을 하면 2화방 수확 과일이 된다. 이 화방이 적게는 3화방까지 가고 길게는 5화방까지 열매를 수확한다.

딸기를 예를 들어 설명해보자. 1화방 딸기가 이르면 11월 중순이면 출하가 된다. 그리고 마지막 화방의 열매가 늦게는 5월 중순까지 출하가 된다. 같은 밭의 같은 줄기에서 11월부터 5월까지 6개월을 수확을 하게 되는 것이다.

이렇게 여러 번에 걸쳐 수확하기 때문에 땅의 양분을 관리하는 농민의 기술력이 중요하고, 농민이 아무리 양분 관리를 잘한다 해도 땅이 갖고 있는 지력에는 한계가 있기 때문에 처음 수확하는 초물 과일이 마지막에 수확하는 과일보다 맛이 더 좋을 수밖에 없다.

재배 방식에 대해서 설명해보면 요즘은 농법이 많이 발전하여 토양재배에서 수경재배와 비슷한 양액재배로 많이 바뀌고 있는 추세이기는 하지만, 맛을 확인해보면 역시 토양재배 과일의 당도가 더 좋다는 것이 농민들의 일반적인 생각이고, 장사꾼인 내가 맛을 보아도 동의를 하는 부분이다.

토양재배에 대한 축적된 기술이 있음에도 양액재배가 늘고 있는 이유는 농사를 짓는 사람 허리 정도 높이로 배드(이랑을 인위적으로 높인 일종의 모종 침대 같은 것)를 높여서 농사를 짓기 때문에 농민 입장에서는 노동력의 강도가 훨씬 많이 줄어들기 때문이고, 날씨(기온, 강수, 광도, 일조량 등)의 변화에 따라 공급되는 양액을 조절하는 데이터가 확실하게 확보가 된다면 생산되는 과일의 맛을 일정하게 조절할 수가 있기 때문이다. 하지만 아직까지는 그 데이터가 정확하게 수집되지 않은 탓에 토양재배 과일의 맛이 더 좋다고 판단된다.

이러한 부분들도 실제로 농가를 돌아다니지 않고는 장사꾼이 책을 보고 공부로 얻기에는 어려운 부분이다. 경상남도농업기술원에서 진행하는 실험재배를 실제로 시험농사를 짓는 의령의 어르신이나 구미에서 양액재배 기술을 확보하기 위해 전국을 돌아다니며 실험재배를 하시는 사장님들을 만나지 못했다면 절대 알 수 없는 정보들이다.

그 외에 수확하기 최소한 일주일 전에 단수는 시켰는지, 수확 2~3일 전에 해당 지역에 비가 내리지는 않았는지, 해당 작목반이나 농민이 추구하는 농사 방향이 저품질 대량생산인지, 고품질 소량생산인지 등을 파악하는 것도 과일을 고르는 중요한 변수들이 될 수 있다는 것을 알아두면 좋을 것 같다. 과채류 과일은 토양재배한 과일 중에서 처음 수확한 과일이 좋다는 것을 꼭 기억해두자.

결국은, 많이 움직이는 방법밖에는 없다

맛있는 과일을 준비하는 것은 장사꾼이 할 일이다. 그 일을 하지 않고 손님들에게 과일을 사달라고 장사를 한다는 것은 이치에도 맞지 않는 것이고, 장사꾼으로서 자격 미달이라 말하고 싶다.

내가 과일을 준비하는 것에 최선을 다하고, 좋은 과일은 어떤 과일들인지를 알고자 노력하고 또 그런 과일을 준비하고, 과일에 대해서 궁금해하는 손님들의 물음에 시원하게 답을 해줄 수 있어야 한다. 장사꾼이 아무리 좋은 과일을 구하려고 노력을 해도 맛있는 과일이 나오지 않는 시기가 있다.

그런 때에 왜 맛있는 과일이 나오지 않는지를 소비자에게 설명을 해줄 수 있어야 전문가라고 할 수 있다. 그런 설명을 하지 못한다면 손님들의 기억 속에는 저 과일 가게는 맛없는 과일을 파는 가게로 인식되어버린다.

맛있는 과일, 좋은 과일을 고르는 자신만의 기준을 설정하자. 내가 언급한 방법은 나만의 기준일 수도 있으니 각자의 기준을 설정해보고, 그 설정이 소비자들에게 만족을 주는지 체크해보기를 바란다. 그러기 위해서는 나나 이 글을 읽고 있는 여러분이나 열심히 움직여야 한다는 것은 같다는 것만은 꼭 말하고 싶었다.

소비자의 입은 미세한 차이도 알아챈다

한번 길들여진 맛은 쉽게 바꾸기가 어렵다

대부분의 사람들이 공동적으로 하는 말이 있다. 큰 집에 살다가 작은 집으로 가는 것은 어렵다거나 큰 차를 타다가 작은 차를 타는 것은 어렵다는 것이다. 넓은 공간을 사용하다가 좁은 공간을 사용하게 되면서 느끼는 답답함이 견디기 힘들다는 의미일 것이다.

음식에 대한 것도 마찬가지다. 늘 맛있는 음식을 먹다가 맛이 없는 음식을 먹으려 하면 쉽지 않은 것은 당연하고, 익숙한 맛이 아니면 맛있다고 느끼기가 쉽지 않다. 나만 그런지는 모르겠지만, 엄마가 해주셨던 음식이 최고라고 여기고 살다가 결혼을 하고 아내가 해주는 음식이 입에 맞지 않아 다투는 경우가 종종 있었다. 익숙한 맛이 아니었기 때문일 것이다.

과일도 동일할 것이라 믿고 있다. 과학에만 관성의 법칙이 적용

되는 것이 아니라 장사에도 관성이 있듯이 사람들이 갖고 있는 맛에도 관성이 있다고 믿는다.

누구나 가격에 민감하다

장사꾼인 내가 도매시장이나 산지 공판장에 가도 가격의 유혹을 뿌리치기가 어렵다. 맛있고 예쁘게 생기고 크기도 가장 적당한 사이즈의 과일의 경매 가격에 비해, 맛없다는 소리는 듣지 않을 정도는 되고 생긴 것도 약간만 못생겼고, 크기가 다소 크거나 다소 작은 과일의 경매 가격은 현저히 낮게 나온다.

좋은 과일을 판매하다 보면 정말 자주 듣는 말이 "사장님, 다른 곳보다 좀 비싸요"라는 말인데, 손님들의 비싸다는 말은 장사꾼에게는 생각보다 크게 다가온다. 맛있다고 칭찬받는 즐거움보다 비싸거나 맛이 없다는 말을 들었을 때의 우울함이 더 크게 느껴지기 때문에 품질은 다소 떨어지지만 가격이 저렴한 과일에 대한 유혹을 뿌리치기가 쉽지 않다.

과일 좀 사봤고 오래 경험을 했다 하는 장사꾼의 마음도 이런데, 하물며 소비자의 가격에 대한 유혹에 대해서는 따로 말해 무엇 할까. 소비자들은 가격에 민감하고 가격에 움직인다는 것을 인정해야 한다.

실제로 오픈 행사나 ○○주년 할인행사 같은 경우에 손님이 오픈하기도 전에 줄을 서서 기다리는 경우를 심심치 않게 볼 수가 있고, 특히 마트 같은 곳에서 방송으로 "지금부터 딱 10분간만 계란 한 판에 1,000원"이라는 멘트가 나오기가 무섭게 계란 코너로 사람들이 몰리는 경우를 쉽게 보지 않았는가.

과일 장사를 하는 나도 재고를 털어내기 위해 반값 세일을 하면 어렵지 않게 모든 재고를 소진시키는 것을 봐도 가격 경쟁력을 인정하지 않을 수가 없다. 때문에 소비자는 가격에 민감하다는 것을 인정할 수밖에 없다. 그것을 극복하고 프리미엄 과일을 파는 스타일을 유지해나가거나 소비자들이 원하는 가격대에 맞춰 적당한 과일을 파는 박리다매형 스타일을 고수하는 방법을 택하는 것도 장사를 하는 방법 중에 하나다.

소비자가 원하는 맛을 상향 평준화시켜라

가격에 상관없이 좋은 과일을 판매하는 프리미엄 매장과 박리다매형 매장의 장단점은 분명히 있다. 프리미엄 매장의 경우는 오픈하고 자리를 잡기까지 꽤나 오랜 시간과 장사꾼의 노력을 상당히 필요로 한다. 하지만 한번 자리를 잡고 나면 웬만한 경쟁에서는 쉽게 흔들리지 않는 장점이 있다. 반면에 박리다매형 매장은 저렴한 가격으로 쉽게 자리를 잡는 듯해도 가격이 조금만 저렴한 경쟁자가 생기면 쉽게 흔들리는 한계가 있다.

그렇기 때문에 과일대통령은 초반에는 박리다매형으로 장사를 시작하면서 과일의 맛을 조금씩 업그레이드시키는 전략을 사용했다. 매장을 새로 오픈했고, 5일장이 형성되는 전통시장 입구에 가게를 차린 탓에 유동인구가 많다는 장점이 있었다. 그래서 맛은 괜찮은 정도에다가 가격이 저렴한 과일을 준비하는 것으로 시작을 했다.

그러면서도 가격은 다소 높아도 정말 맛있는 과일을 따로 준비해두었다가 과일을 사러 오는 손님들에게 맛을 보여드리는 방법으로 프리미엄 과일의 비중을 서서히 높이는 전략을 썼다. 저렴한 가격이 마음에 들어 오시는 손님들이라 해도 그냥 먹을 만한 가격의 과일보다 정말 맛있는 과일을 맛보고 나면 상당수의 손님들이 비싸도 맛있는 과일을 사는 경우가 많았다.

그러면서 그 손님들이 다시 오시면서 "전에 먹었던 그 과일 없어? 식구들이 진짜 맛있다고 잘 먹었거든"이라는 말을 해주시는 경우가 늘어나면서 가격에 크게 구애받지 않고 좋은 과일을 준비하는 비중을 높여나갔던 것이다.

이렇게 손님들의 맛을 상향 평준화시키고 나면 그다음부터 어려워지는 것은 고스란히 장사꾼의 몫으로 돌아온다. 도매시장이나 산지 공판장에서 과일들의 맛을 체크하면서 고개를 갸웃거릴 때가 있다. 내가 가장 좋아하는 맛은 입에서 "우와!"라는 감탄사 외에는 달리 표현을 할 수 없는 과일의 맛이다.

중매인에게 좋은 과일을 요청할 때에는 한 입 베어 먹으면 무릎을 탁 치면서 "그래, 이 맛이지!"라고 할 수 있는 과일만 사달라고 한다. 그런데 맛을 보면 가장 좋다고 하는 과일의 맛이 맛있기는 한데 약간 뭔가가 부족하다고 느껴질 때가 종종 있다.

그래도 그 과일이 현시점에서 가장 좋은 과일이라 선택의 여지가 없어 매입을 해서 판매를 해보면 손님들의 반응이 민감하다. "사장님, 이 맛이 아닌데요." 이미 과일의 맛에 대한 기준이 높아진 손님들의 기대치를 만족시키기 위한 과일을 찾는 것이 무척이나 어려워진다. 이때가 되면 비로소 과일 장사가 어렵다는 것이 무슨 말이었는지를 알게 된다.

지혜로운 자는 일이 시작되기 전에 안다

과일 장사, 누구나 할 수 있다. 또한 하는 만큼 정직하게 돈을 벌 수 있다. 하지만 누구나 쉽게 할 수 있는 장사라고 해서 누구나 돈을 버는 것 같지는 않다. 손님들이 무엇에 반응을 하는지, 손님들이 원하는 것이 무엇인지, 손님들의 요구에 나는 어떻게 대처해야 하는지, 손님들이 갖고 있는 고민에 대해 나는 어떤 해답을 줄 수 있는지를 끊임없이 알고자 노력해야 한다.

손님의 기분을 상하지 않게 하면서도 내가 해야 하는 말을 할 수 있는 방법을 알아야 한다. 예측 가능한 상황을 미리 파악해서 준비를 해야 한다. 비록 작은 과일 장사라 해도 그래야 돈을 벌 수가 있고, 성장을 할 수가 있다.

장사든 사업이든 세상을 미리 볼 수 있었던 사람들은 새로운 변화를 만들어가는 사람이었고, 작게는 대박을 터트렸거나 크게는 거대한 사업체를 일구었다. 변화를 만들어가지는 못했지만, 변화를 빠르게 알아차리고 그 변화에 빨리 적응한 사람들이 장사에서도 상당한 성공을 거두고 있는 것은 인터넷 카페나 네이버 밴드, 인스타그램, 페이스북, 유튜브와 같은 SNS를 기반으로 장사를 하는 사람들을 보면 금방 알 수가 있다.

그들이 얼마나 치열하게 고객만족과 감동을 위해 노력하고 있는지를 쉽게 볼 수 있을 것이다. 아직도 장사는 장사꾼이 리드하는 것이고 전통적으로 대면하여 이루어지는 것이라 생각하는 사람들이 있다면 코로나19 시대에는 더 이상 대면 장사가 대세가 아니라는 말을 해주고 싶다. 덧붙여 사마천의 《사기》 〈상군열전〉에 나오는 이 말을 꼭 해주고 싶다.

"어리석은 자는 일이 이루어져도 모르고, 지혜로운 자는 싹트기 전에 봅니다."

아이들의 말에 촉을 세워라

'때가 되면' 나오는 고마운 과일들

2월이 다 지나가면 얼음이 녹고 따뜻한 바람이 불어온다. 목련이 꽃을 틔우고 개나리가 뒤를 따른다. 산에 들에 연초록 새싹이 기지개를 켜면 숨죽여 자고 있던 생명들이 바깥세상 구경을 나온다. 여린 잎이 진녹색으로 변해갈 때쯤이면 식물이고 동물이고 왕성하게 성장해가고 때론 긴 장마에 온 세상이 잠길 것 같지만 비가 멈추고 해가 드리우면 그 비를 거름 삼아 절정을 맞는다.

시원한 바람 불어오면 설악산에 단풍이 찾아왔다는 소식이 들리고, 들이며 밭에서는 뙤약볕 이겨내고 탐스럽게 영근 열매들을 수확하는 가을걷이 풍경이 아름답게 펼쳐진다. 그렇게 수확이 끝난 들판에 찬바람 불고 눈 내리면 비료 포대를 썰매 삼은 시골 아이들의 웃음소리가 퍼진다. 때가 되면 펼쳐졌던 내 어린 시절 우리 시골 마을

의 모습이다.

'때가 되면'이라는 것은 과일 장사꾼에게는 정말 반갑고 고마운 말이다. 때가 되면 딸기가 나와주고, 때가 되면 수박이 나와주고, 때가 되면 복숭아가 나와준다. 포도며 사과도 그렇다. 모든 과일들이 때가 되면 나와주기에 과일 장사꾼은 무엇을 팔아야 할지를 고민하지 않아도 된다. 과일 장사의 매력이 여기에 있는 것이 아닌가 싶다. 때가 되면 나와주는 과일들도 고맙지만, 때가 되면 그 과일을 먹고 싶어 하는 소비자들이 있다는 것도 고마운 일이다. 다만, 과일의 출하 시기에 따라 가격 변동의 크기 때문에 언제 팔아야 하는지 타이밍을 잡는 것이 중요하다고 생각을 한다.

초물 과일에 도전해보자

어떤 과일이든 대부분 초물 과일들은 가격이 높게 형성되기 마련이다. 가격이 비싸다는 것은 그만큼 판매하기에 부담이 되는 것이 사실이다. 하지만 비싸도 그 과일을 먹고 싶어 하는 소비자가 있다는 것도 장사꾼은 알고 있어야 한다.

가격이 싸다는 것과 비싸다는 것은 장사꾼이 결정할 부분이 아니라는 것을 난 누구에게든 강조를 한다. 책정된 과일의 가격이 적당하고 안 하고는 구매를 하는 소비자들이 결정을 하는 것이다. 가격이 높아도 먹고 싶은 손님이 있다면 그것은 팔린다. 아무리 가격이 저렴하다 해도 먹고 싶은 손님이 없다면 그것은 팔리지 않는다.

특히나 판매 타이밍에서 가격 때문에 고민인 장사꾼들이 있다면 꼭 기억해야 하는 부분이 있다. 줄기에서 수확을 하는 과채류 과일이라면 수박을 제외하고는 100% 맞아떨어지기 때문에 반드시 기억해두면 좋을 것 같다.

과채류 과일의 대표적 3인방은 '딸기', '참외', '방울토마토'다. 이 과일들은 적게는 3개월에서 길게는 6개월 이상을 따고 또 따고 하는 과일들이다. 그렇게 때문에 초물 과일들이 땅이 갖고 있는 좋은 영양분을 먼저 갖고 나오게 되기 때문에 맛도 좋고, 향도 좋다. 맛, 향, 영양성분 함유량 등 모든 면에서 좋기 때문에 가격이 비싼 이유이기도 하다.

과일을 사먹는 고객의 입장이라면 흔히들 장사꾼이 말하는 비싼 과일이 맛있다고 하는 이유가 이런 맥락이라는 것을 알고 있으면 좋을 것 같기도 하다. 농민 입장에서는 이 초물 과일들의 시세가 어떠냐에 따라 그해 수입이 결정된다 해도 과언은 아닐 것이다. 이렇게 가격이 높을 때 판매를 하면 대기 수요자들이 있기 때문에 판매에 큰 어려움은 없다는 것이 경험으로 본 내 생각이다.

가격에만 의존하는 판매 타이밍의 문제점

높은 가격이 부담스러워 가격이 다소 내려와 있거나 평균 안정화되어 있을 때를 판매 타이밍으로 잡는다면 출하되는 물량도 많고, 제철 과일로 소비도 많기 때문에 판매량으로는 많이 팔리는 것이 당연하다. 하지만 쏟아지는 물량에서 얼마나 좋은 과일을 확보할 수 있는지도 어려운 일이고, 많은 물량 중에서도 좋은 과일의 가격은 결코 저렴하지 않다는 것도 문제다. 여기저기서 많이 팔기 때문에 경쟁이 치열한 것은 당연한 것이고, 이미 초물의 과일을 먹어본 소비자들의 기대치가 많이 올라가 있다는 것도 알고 있어야 한다.

가격이 안정화된 시점의 과일 장사는 역시 경쟁력을 갖기 위해서는 판매하는 가격도 저렴해야 가장 큰 경쟁력을 갖고 있다고 볼 수 있기 때문에 장사꾼의 이익적 측면에서도 그다지 좋다고는 할 수 없다는 것이 내 생각이다. 그래서 나는 항상 가격이 높은 초물 때를 타이밍으로 잡고 판매를 하다가 물량이 쏟아지는 시점이 되면 구색 과일로 판매를 하는 것을 판매 타이밍으로 잡고 있다.

이렇게 판매 타이밍을 잡게 된 가장 결정적인 이유는 어린아이들의 말을 유심히 듣고 그 말에서 답을 찾았기 때문이다.

타이밍은 우리 아이들이 결정한다

4월 초가 되면 엄마의 손을 잡고 온 아이들의 입에서 "엄마, 나 수박 먹고 싶어!"라는 말이 흘러나온다. 5월 말이 되면 "엄마, 복숭아 먹고 싶어!"라는 말이 나오고, 11월 중순이 지나면 "엄마, 나 딸기 먹고 싶어!"라는 말이 나온다. 아이들의 나이는 기껏해야 네다섯 살 정도 될 뿐이다.

참 희한한 일이다. 아직 나오지 않은 과일들인데 조금 있으면 나오는 과일들이다. 그렇다고 수박이 4월 말이면 본격적으로 나온다는 것을 아이들이 알 리 만무하고, 복숭아나 딸기가 나오는 시기를 파악하고 있는 것도 아닐 것이다. 그런데 아이들은 마치 이때쯤 되면 이런 과일들이 나오는 것을 당연히 알고 있는 것처럼 그 과일을 찾기 시작한다. 나는 내가 주력으로 팔아야 할 과일들을 이 아이들의 말에서 알아챈다. 항상 좀 이른 감이 있다고 느껴지지만, 아이들이 찾는다면 그 과일이 잘 팔리는 과일인 것이다. 장사를 잘하시는 선배 장사꾼의 말에 의하면 좋은 과일이 잘 팔리는 것이 아니라 잘 팔리는 과일이 좋은 과일이라는 말을 해준 적이 있다.

나는 아이들이 먹고 싶어 하는 과일이 잘 팔리는 과일이라는 것을 그동안의 경험을 통해서 알고 있다. 잘 팔리는 과일이 정해졌으면 그 과일 중에서 좋은 과일을 준비하면 되는 것이다. 쉽게 얘기해서, 아이들에게서 수박을 먹고 싶다는 말이 나왔다면 내가 팔아야 할 과일은 수박이 되고, 수박 중에서 맛있고 좋은 수박을 준비해놓아야 한다는 것이다. 대다수의 과일 구매자는 아이들의 엄마이지만, 과일의 소비자는 아이들이라는 점을 꼭 알았으면 좋겠다. 더구나 좋은 과일, 맛있는 과일은 대부분이 아이들이 먹는다고 봐도 좋을 것 같다.

과일을 사서 본인들이 먹는다면 '에고, 비싸다. 가격이 좀 더 떨어지면 사먹자'라며 먹고 싶어도 가격이 떨어질 때까지 기다리려고 하지만, 비싸지만 맛있는 과일 앞에서 먹고 싶다고 떼를 쓰고 있는 아이들을 이기는 아기 엄마들은 많지가 않다는 것은 장사를 좀 해본 사람이라면 누구나 알고 있을 것이다. 때문에 과일의 시세가 높고 낮은 것이 과일의 판매 타이밍이 아니라, 먹고 싶어서 찾는 사람이 있다는 것을 판매 타이밍으로 잡는 것이 더 효율적이지 않을까 하는 것이 내 의견이다.

파는 것이 아니라 사게 만들어라

내 손님은 내가 챙긴다

소 내장을 파는 정육점에서 일을 할 때였다. 그때 직원들이 회장님이라고 불렀던 큰 사장님이 했던 말 중에 "야, 예전에는 돼지 한 마리 팔면 돼지 한 마리 남고, 소 한 마리 팔면 소 한 마리 남았어. 그만큼 장사하기 좋았지"라는 말을 했었다.

이 말을 들은 직원들은 지금은 그렇게 안 되는데 예전에는 어떻게 그럴 수 있었냐고 물어보면 "그때는 경기가 좋기도 했지만, 소비자들이 도매가격을 몰랐거든. 장사꾼들이 정한 가격에 토를 다는 손님들이 없었기 때문에 장사꾼들이 노다지를 캐었지. 한마디로 손님들이 무식했어. 하하"라고 웃으며 대답을 해주었다.

직원이기도 했고 내 장사를 하지 않았던 때라 대수롭지 않게 넘겼는데 장사를 하면서 그때 일을 생각해보면 정말 중요한 것을 얘기해주었던 것 같다. 나는 이 이야기를 들었을 때를 기억하며, 내 손님이라면 적어도 몰라서 장사꾼에게 당하게는 하지 않아야 한다는 소중한 내 장사 원칙 하나를 세우게 되었다.

정보를 제공하라

지금이야 인터넷 환경이 워낙 잘되어 있어 소비자들이 알고자만 하면 모르는 게 없을 정도로 정보의 홍수 시대이지만, 그 정보를 사용하는 소비자가 생각보다 적다. 정보를 사용하는 소비자가 적다는 것보다 정보를 수집하는 것 자체를 귀찮아한다는 표현이 더 맞는 것 같다.

나는 여기에서 중요한 점을 발견했다. 사람들이 정보를 수집하는 것은 귀찮아하지만, 정보를 주는 것에는 좋아한다는 것. 그 정보가 자신들의 생활에 이익으로 돌아오면 사소한 것 하나라도 놓치지 않으려는 성향이 있다는 것을 알게 되었다. 그래서 나는 간혹 손님들에게 과일이 어떻게 재배가 되는지, 어떨 때 맛이 좋은 과일이 나고, 어떨 때 과일을 사는 것에 신중하고 세심하게 골라야 하는지 등등의 정보를 제공해준다.

예를 들면, 수박은 꽃이 피면 하우스에 벌통을 들여 벌들을 풀어둔다. 이 벌들이 수정을 해주는데 벌들이 수정을 한 후 5일 정도 되면 손톱만 한 수박이 달린다. 그런데 수박이 달리지 않은 수박 꽃이 있으면 사람이 붓으로 인공수정을 시켜준다. 앞서 벌들이 수정시킨 수박을 1차 수정 수박이라고 하고, 5일 후에 사람이 붓으로 수정을 시킨 수박을 2차 수정 수박이라고 한다.

이후 봄에 수확하는 수박이라면 수정 후 55일을 전후로 해서 수확을 한다. 1차 수정을 기준으로 해서 수확을 하면, 2차 수정 수박은 1차 수정 수박에 비해 5일을 덜 자란 덜 익은 수박이 나올 것이고, 2차 수정을 기준으로 해서 수확을 하면 1차 수정 수박들은 5일을 더 자랐기 때문에 과숙되어 모래성 무너지듯 으스러지는 수박이 나온다는 것들을 설명해준다. 그러면서 1차 수정 수박과 2차 수정 수박의 특징들을 설명해준다. 이런 정보들을 소비자들이 알고 있으면 수박을 구매할 때 요긴하게 쓸 수 있어서 좋아하신다.

교육을 시켜라

앞서 말한 정보들은 내가 운영하고 있는 '과일대통령' 네이버 카페를 통해서 정보를 제공해주지만, 실제로 매장에 와서 수박을 구매하시는 손님들에게는 좋은 수박 고르는 법을 교육을 해드린다. 물론 교육이라는 단어는 쓰지 않고 시간적 여유가 있는지를 먼저 물어보고, 수박 잘 고르는 법을 알려주고 싶다며 말을 건네면 시간이 있는 손님들이라면 들어주신다.

좋은 수박의 조건

1. 색깔이 진녹색이다.

2. 수박 줄무늬가 선명하고 고르게 두껍다.

3. 줄무늬와 줄무늬 사이가 깨끗하다.

4. 타원형으로 예쁘게 생겼다.

5. 배꼽이 작다.(배꼽이 500원 동전보다 훨씬 크면 속이 곯거나 노란 심지가 많아서 과육이 질길 확률이 높다.)

6. 수박 몸통과 줄기가 연결되는 부분이 오목하게 들어갔다.

7. 줄기가 시작되는 부분에 있는 솜털을 손으로 문질렀을 때 솜털이 손에 잘 묻어난다.

8. T자형 꼭지 수박은 애순이 있는데, 이 애순이 잘 말라비틀어져 있다.

9. 소리가 통통거리는 장구소리가 난다.(통통거리는 북소리가 나면 속이 번개 맞은 것처럼 비어 있다.)

위의 모든 조건이 좋더라도 결국은 먹어서 맛있어야 정말 맛있는 좋은 수박이다. 이런 내용들을 손님이야 교육이라고 생각하지 않으시겠지만, 내 속으로는 교육이라고 생각하고 가르쳐드린다. 손님들은 이렇게 자세히 알려주는 과일 장사꾼이 없다 보니 신세계를 만난 것처럼 좋아하시고 수박에 관한 모든 것을 알게 된 것처럼 좋아하신다.

손님이 좋아하시게 되면 자연스럽게 나는 전문가 포지션을 갖게 된다. 손님이 장사꾼을 장사꾼이라 여기지 않고, 과일 전문가라고 인식을 하게 되면 장사하는 데에 있어 얼마나 도움이 될지는 굳이 설명하지 않아도 될 듯하다.

굳이 팔려고 하지 않아도 손님이 스스로 산다

이렇게 수박 고르는 법을 가르쳐주었으니 좋은 수박을 직접 골라서 사시라고 말을 건네본다. 그럼 내가 가르쳐준 것들을 하나하나 따져가면서 이 수박은 이런 게 좋고, 저 수박은 저런 게 부족하다며 수박을 고르는 것에 심혈을 기울인다. 그리고 마지막으로 선택을 하고 잘한 선택인지를 나에게 물어본다.

그럼 역시 가장 좋은 수박을 골랐기에 잘하셨다고 하면서 그 수박을 손님에게 건네드리고 결제를 한다. 이 정도의 수박 고르는 과정을 거치게 되면 가격만 적정하다면 소비자의 만족도는 최대치로 올라간다.

수박 한 통을 팔기 위해서 이 수박이 어디에서 생산됐고, 당도가 몇 브릭스가 나오고, 오늘 경매 시세가 어떠했느니 등등 구구절절한 설명을 늘어놔도 팔릴까 말까인데 내가 수박을 팔 때에는 그런 과정이 생략되었으니 장사하는 데 소비되는 에너지도 적어지게 마련이고, 그만큼 장사는 수월해진다.

그다음 과일 준비는 장사꾼의 몫이다

고객이 똑똑하면 그 똑똑함을 써먹을 수 있도록 장사꾼은 준비만 하면 된다. 소비자들에게 제대로 과일을 볼 수 있는 눈높이를 내가 높여 놓았으니 과일을 준비하는 것에 소홀해질 수가 없다. 이른 새벽에 나가서 가장 좋은 과일을 준비하지 않으면, 손님들이 이미 알게 된다.

그래서 인근 도매시장의 과일이 좋지 않다고 판단이 되면 멀더라도 산지 공판장에 가서 좋은 과일을 선점해오거나 해당 과일의 명인의 반열에 오른 농민의 농장을 찾아가야 한다. 그렇게 해서 좋은 과일을 준비하면 손님들은 좋은 과일을 알아보고 가격이 다소 높더라고 그것을 인정해주시며 선뜻 사주신다.

그렇게 과일은 파는 것이 아니라 과일 스스로가 팔려나가거나 손님이 좋은 과일을 선택하고 구매하는 것이다. 나는 다만 손님이 좋은 과일을 살 수 있도록 도와드리는 역할만 하면 된다. 그게 과일 장사꾼이고 과일 전문가다.

맘카페에서 인정받기

지역의 맘카페 입점은 선택이 아닌 필수다

요즘은 어느 동네든 육아, 생활 등의 정보를 공유하는 온라인 커뮤니티인 맘카페가 활성화되어 있다. 자신의 매장이 속해 있는 지역의 맘카페가 있다면 반드시 협력업체로 입점해야 한다. 맘카페는 매출을 단기간 내에 가장 빠르게 올릴 수 있는 가장 최적화되어 있는 채널이다. 이미 해당 지역의 아이들을 둔 엄마들이 적게는 2,000~3,000명, 많게는 20만 명 이상이 모여 있는 맘카페들도 많다. 그런 맘카페에 입점을 했다는 것은 내 가게 앞을 지나가는 유동인구가 그 가입자 수만큼 있다는 것과 같은 효과를 내준다는 말이다.

더 좋은 것은 이런 맘카페에서 육아, 생활에 관련된 정보들이 활발하게 공유가 되면서 내 가게도 그 정보에 속할 수 있는 장점이 있다. 최근 소비자의 구매 결정에서 소비자들이 가장 신뢰하는 것이 실제 구매해본 사람들이 남기는 후기 글이다. 신선하고 맛있는 과일을 팔게 되면 좋은 후기가 올라오기 마련이다. 좋은 후기가 올라오면 후기 글에 올라온 그 품목의 과일은 순식간에 매진이 되는 마술 같은 일이 벌어질 것이다.

그러나 맘카페의 입점이 반드시 장점만 있는 것은 아니다. 맘카페 내에서 나쁜 후기가 올라오면 매출이 심하게 꺾이는 단점도 있다. 품질적인 부분도 신경을 써야겠지만, 고객 응대 측면에서 잦은 실수를 하거나 강한 클레임을 받게 되면 폐점을 해야 할 위기에 처할 수도 있다는 것을 꼭 알아야 한다.

그런 매우 높은 위험성이 있으니 입점을 하지 말라는 것이 아니다. 그것을 숙지하고 있으면서 고객 응대를 잘해야 한다는 것을 말해주고 싶은 것이다. 맘카페 입점을 하지 않거나 입점했다가 나온 사람들의 말을 들어보면, 소비자들이 너무 '갑질'을 한다, 의도적으로 클레임을 제기한다, 한 번 소문 잘못 나면 폐업 걱정을 해야 한다, 경쟁업체에서 의도적으로 피해를 주기 위해 악성 게시글을 올리는 경우가 있다 등등의 이유를 댄다.

하지만 자신이 들어가지 않거나 빠진 자리에 누가 입점을 할까? 바로 내 경쟁 상대가 그 자리를 차고 들어가고, 그 경쟁 상대가 정말 좋은 과일과 좋은 서비스, 손님들에게 정성을 다하는 고객 응대로 자리를 굳힌다면 그게 더 위험한 것이다. 내 지역 상권의 방어를 위해서라도 반드시 입점하여 내 경쟁 상대를 견제하는 것만으로 충분한 가치가 있다고 봐야 할 것이다.

무조건 신선함과 맛으로 승부 보기

오프라인 매장을 운영하고 있는 상태에서 모든 매출과 이익은 오프라인에서 발생을 시킨다 생각하자. 입점된 맘카페는 없어도 되지만, 그래도 향후 성장을 시키겠다는 생각으로 시작을 해야 한다.

맘카페에서 바로 많은 매출을 기대하거나 이익을 얻으려 한다면 오래 버티지 못하고 자연스럽게 퇴출될 확률이 높다. 이유는 아주 단순하다. 맘카페 회원들과 나 사이에 아직 신뢰가 형성되지 않았기 때문이다. 거기에다 과일을 보고 사는 것이 아니라 맘카페의 신뢰도를 믿고 구매가 이루어지기 때문에 처음에는 무조건 신선하고 맛이 좋은 과일을 판매해서 고객과 장사꾼 간에 신뢰를 형성시키는 것에 모든 포커스를 맞추어야 한다.

신선도가 떨어지거나 싸더라도 품질이 떨어지는 과일을 판매하게 되면 과일이 맛이 없다는 후기가 올라올 확률이 매우 높다. '맛이 없다'라는 후기가 올라온다면 가격이 싸다는 것은 이미 관심밖에 있게 된다. 같은 맥락에서 손님에게 과일을 건네드리기 전에 다시 한 번 꼼꼼하게 검수 후에 건네주는 것이 좋다. 모든 제기 가능한 클레임을 사전에 체크해보고, 그에 대한 예방책을 마련해서 클레임을 원천 차단하는 것이 가장 좋다. 반면에 가격은 다소 높더라도 신선하고 맛있는 과일을 판매하게 되면 좋은 후기 글이 올라온다. 처음에는 '좀 비싸기는 하지만'이라는 수식어가 따라붙기 마련이지만, 이 또한 비싸다는 것은 관심에서 멀어져 있다. '맛있다'라는 것이 먼저 인식되어 있기 때문이다. 더구나 맘카페에서 과일을 구입하는 회원들은 아이들에게 먹일 과일을 구매하는 경우가 대부분이기 때문에 다소 비싸도 아이들이 잘 먹는 신선하고 맛있는 과일을 구매하고자 하는 욕구가 크다는 사실을 항상 기억해두자.

철저한 AS는 신뢰를 얻는 가장 빠른 길이다

과일은 생물이라 아무리 철저하게 검수를 하더라도 반드시 불량이 나올 수밖에 없다. 실제로 생산 과정에서나 운송이 되는 과정에서의 외부 충격, 포장에서 발생한 사소한 실수도 과일의 컨디션에 안 좋은 영향을 미칠 수 있기 때문이다. 또 한 가지 핵심적인 이유는 소비자들이 불량이라고 하면 그냥 불량이 되어버리기 때문이다. 장사꾼이 보기에는 불량이 아니라고 생각되더라도 소비자가 불량이라고 생각하고 클레임을 제기했다면 그대로 인정을 하는 것이 가장 좋은 결과를 낳는다.

거기에 이 정도는 불량이 아니라고 반론을 제기하면 이미 불량이라고 생각한 소비자가 순순히 '그래, 사장님 말을 들어보니까 불량이 아니네'라고 생각하는 사람은 정말 백에 한 명도 되지 않을 것이다. 소비자에게는 그냥 변명으로 들리고 손해 보기 싫어하는 장사꾼으로 인식되면서 매장에 발을 끊어버리는 결과밖에 나오지 않는다.

따라서 빠른 사과와 신속한 AS 처리는 내 가게에 대한 신뢰성을 높여주면서 이 가게는 불량 과일을 AS해주는 가게라고 인식이 되어 믿고 구입을 할 수 있게 된다.

맘카페에서는 판매하는 품목인 과일 자체에 대해 '좋다, 나쁘다' 라는 글이 올라오기도 하지만, "그 가게 친절하다", "AS도 잘해준다", "과일에 대한 꿀팁도 알려준다' 등등의 고객 응대에 관한 후기 글도 많이 올라오기 때문에 고객 응대에 신경을 많이 써야 하고, 클레임에 대한 신속한 처리도 반드시 유념해야 한다.

과일에 대한 정확한 정보 전달도 필수이다

매장에 와서 구입하는 손님이라면 과일의 신선도를 직접 눈으로 확인할 수 있고, 손으로 만져볼 수도 있다. 시식을 할 수 있는 경우도 많다. 하지만 맘카페를 통한 주문은 이런 것들이 생략이 되고, 돈을 먼저 지불한 상태에서 과일을 받게 된다.

받은 과일이 맘카페에서 설명한 정보와 다르다고 소비자들이 느낀다면 그 하나하나가 클레임이 될 수 있기 때문에 과일의 맛이나 상태, 입고된 날짜나 생산자 정보와 출하지 정보 등 제공할 수 있는 정보는 가급적 빠뜨리지 말고 제공해주는 것이 좋다. 다른 것들은 객관적 정보들이라 크게 문제는 발생하지 않지만, 맛에 대한 설명은 주관적 요소가 많기 때문에 가급적 수치화해서 전달하는 것이 좋다.

맘카페에 입점했거나 본인의 네이버 카페나 네이버 밴드를 별도로 운영하는 많은 장사꾼들이 흔히들 '최고 당도', '미친 당도', '마약 과일', '대한민국 상위 1% 과일' 등등 자극적인 멘트로 소비자들을 현혹시키지만, 이런 자극적인 멘트는 소비자들의 기대치를 너무 높여놓기 때문에 실망도 커지기 마련이다.

맘카페에 입점하는 것은 장사꾼으로서 선택 사항이지만 필수 사항이라고 생각해주기를 바란다. 맘카페에 대해서 장밋빛 좋은 점만 설명하지도 않았다. 어려움도 있고, 정말 최악의 경우에는 폐업도 가능하다는 점도 설명했다. 그럼에도 분명히 큰 기회가 있고 빠르게 성장할 수 있는 기회가 있다. 그와 관련된 오래 전 TV 한 광고가 생각이 난다.

"아무것도 하지 않으면, 아무 일도 일어나지 않는다."

5장

반전을 기다리는 당신에게

죽기 살기가 아닌,
죽도록

하루가 끝나갈 즈음

밤 9시가 되면 장사를 마무리하고 정리를 시작한다. 매장 청소를 하고, 손님들에게 맛을 보여드리기 위해 잘랐던 과일들을 정리한다. 오늘 매출을 확인하고 새벽에 매입해왔던 도매 거래처들에 입금을 해주는 것으로 하루 일과가 마무리될 때쯤 전화 한 통이 걸려왔다.

"안녕하세요. 사장님, 과일 장사를 하려고 생각 중인데 조언 좀 들을 수 있을까 해서 전화를 드렸습니다."

"저도 장사를 시작한 지 1년 조금 넘은 사람이라 누구를 가르쳐줄 만큼 내공이 쌓인 장사꾼이 아닙니다. 다른 분에게 도움을 받으시는 것이 더 좋을 것 같아요."

"아닙니다. 사장님, 제가 유튜브나 네이버 밴드, 네이버 블로그 같은 것들을 정말 많이 봤는데 그래도 사장님이 쓴 글들이 저에게 가장 와닿았습니다. 그래서 한 번 뵙고 작은 거라도 도움이 될 만한 말씀을 해주시면 정말 감사하겠습니다. 꼭 만나주셨으면 좋겠습니다."

"그렇게 말씀하시니 어떤 도움을 드릴 수 있을지는 모르겠지만, 와 보시죠. 궁금하신 것은 제가 알고 있는 한도 내에서 최대한 가르쳐드리죠, 뭐."

꼭 만나달라는 단호한 부탁을 차마 거절할 수는 없었다. 나도 누군가에게 이렇게 단호하게 부탁을 청해본 적이 있었나 생각해보니 없었던 것 같다. 이 정도의 단호함과 알고 싶은 것을 꼭 알아내고야 말겠다는 의지라면 도움을 주고 못 주고를 떠나서 오히려 만나보고 내가 더 배워야 할 사람이 아닐까 하는 생각도 들었다. 그렇게 뜬금없는 전화를 마무리하고 퇴근하여 집으로 향했다.

사회복지사와의 첫 만남

전화를 받은 후 2주 정도가 지났을 때 또 한 통의 전화가 왔다. 지금 뵈러 가려고 하는데 시간이 어떠시냐고 물어왔다. 장사가 마무리되어 갈 즈음의 늦은 시간이라 괜찮다고 보자고 했다. 얼마 되지 않아 단정한 머리에 까무잡잡한 피부의 키 큰 친구가 가게로 들어왔다.

"사장님, 안녕하세요. 전화 드렸던 ○○○이라고 합니다." 중저음의 멋진 목소리였다.

"아, 반갑습니다. 황의석이라고 합니다. 추운데 차 한 잔 하시죠"

라며 믹스커피 한 잔을 건넸다.

"혹시 무슨 일을 하고 계신지 물어봐도 될까요?"

"사회복지사로 근무하고 있습니다. 생명나무라는 복지관에서 근무하고 있어요."

"어? 생명나무사회복지관이요? 저도 잘 아는 복지관인데 처음 뵙네요."

"사장님은 생명나무사회복지관을 어떻게 아세요?"

"제가 택배 기사로 근무할 때 담담했던 구역에 있는 복지관이라서 배송을 자주 갔거든요. 하하하."

"아~ 그러시구나. 대전이 좁기는 좁네요."

"그건 그렇고 복지관에서 근무하시는 사회복지사시면 준공무원이실 것 같은데 힘든 과일 장사는 왜 하려고 하세요? 제 생각에는 그냥 직장생활하시는 것이 더 좋을 것 같은데요."

"저는 꿈이 있습니다. 그 꿈을 꿈으로 끝내고 싶지 않아서 과일 장사를 하고 싶습니다."

그렇게 그 사회복지사는 자신의 꿈을 향해 가고 싶다고 했다.

사회복지사의 꿈을 응원하다

○○○ 사회복지사는 정말 사회복지를 하고 싶다면서 그게 자신의 꿈이라고 했다. 대전에서는 가장 좋은 대학교를 공과대학으로 입학했으나 사회복지에 뜻이 있어 사회복지학과로 전과를 해서 졸업

을 할 정도로 사회복지에 대한 신념이 확실했다.

하지만 막상 졸업을 하고 복지관에 입사를 하고 보니 형식적인 것들이 너무 많았다고 한다. 지원되는 돈에 대한 회계 처리, 업무를 진행하기 위한 행정 문제, 각종 사업계획서와 완료된 사업에 대한 보고서 등등 서류 관련 업무들. 그리고 각종 단체장이 사회복지관에 방문했을 때의 의전 문제 등등 자신이 생각했던 사회복지 업무와는 너무나 다른 업무에 스트레스를 많이 받았다고 한다.

그러면서 자신이 생각하는 사회복지의 길을 가고 싶은데 그러기 위한 수단으로 과일 장사를 택했다는 것이었다. 왜 과일 장사를 하고 싶어 하는지에 대해 듣고는 나름의 반론을 제시해보았다.

"사회복지를 위해서는 꼭 필요한 업무들이고, 누군가는 그 업무를 수행해야 사회복지가 제대로 돌아가는 것이 아니겠냐? 지금 당신이 하고 있는 일도 내가 보기에는 충분히 가치 있는 일이고, 꼭 필요한 일을 하고 있는 것 같다"라는 반론에 그는 맞는 말이기는 하지만, 자신이 행복해야 다른 사람에게 에너지도 줄 수 있고, 도움도 줄 수 있는데 이런 일들을 하는 게 행복하지 않다고 했다. 그러면서 자신이 행복해하며 할 수 있는 사회복지 일을 하고 싶다는 것이었다.

이렇게 신념이 확실한 사회복지사에게 과일 장사를 하지 말라고는 하지 못했다. 다만, 생각보다는 쉽지 않을 거라는 것과 실패했을 때는 다른 사람을 도와주는 사회복지 일을 하지도 못할뿐더러 당신의 처자식이 당하는 고통은 지금 호기롭게 장담하는 것보다 크게 올 거라는 것을 잊지 말라는 당부를 해주었다. 그리고 퇴사를 하면 그

때 와서 함께 일을 해보자고 제의를 한 뒤에 첫 만남을 마무리했다.

월급 못 주는 사장과 월급 없어도 된다는 예비 사장

동생과 함께 장사를 하다가 독립한 지 채 두 달이 안 된 상태여서 매출은 크지 않았다. 나와 아내가 함께 장사를 꾸려나가기에 충분했고, 오히려 매출을 늘리기 위한 방법을 찾고자 일의 양을 늘려야 하나 고민하는 상황이었다. 빚으로 시작한 가게였기에 수입의 대부분을 가게 유지비와 대출 상환금으로 갚아야 하는 상황에 그 사회복지사가 퇴사했다는 소식을 전해왔다.

그렇게 아무런 준비도 없는 상태에서 첫 출근을 했다. 그 전에 여러 번 되풀이하여 고지를 해주었다. 지금의 일도 혼자 충분히 할 수 있고, 직원을 두고 할 만큼 수익도 많지 않다는 내용이었다. 아무리 일을 배우겠다고 찾아온 사람이지만 월급도 주지 않으면서 일을 시키고 가르치는 것이 솔직히 부담이 컸었다.

그래서 여러 차례 월급을 제대로 줄 수가 없다는 말을 반복했던 것이다. 그럴 때마다 이 친구는 월급은 안 주셔도 된다고, 10년 가까이 근무한 탓에 퇴직금이 있어 일을 배우는 동안 그것으로 생활을 할 테니 걱정하지 말라는 말과 함께 일하면서 많이 배우고 느끼고 준비하겠다는 말로 나를 안심시켰다. 그렇게 사수와 부사수로서 예비 사장을 창업시키기 위한 교육 아닌 교육이 시작되었다.

죽기 살기로 하지 말고, 죽도록 하라

새벽 4시 과일대통령 매장 앞으로 아반떼 자동차가 들어왔다. 부사수의 두 번째 출근은 새벽 도매시장을 함께 나가는 것으로 시작이 되었다. 도매시장에 가서 경매 전에 출하된 과일의 맛을 확인해 보는 일부터 해야 한다는 것을 알려주기 위해서였다. 그리고 중매인에게 발주를 넣고 과일을 매입한 후에 매장으로 돌아오면서 부사수에게 이렇게 한마디를 건넸다.

"부사수, 꿈을 이루겠다고 과일 장사를 하는 것에 전적으로 응원을 해줄게."

"감사합니다, 사부님."

그 친구가 지금도 나를 사부님이라고 부른다.

"하지만 자네의 말에 동의하기는 힘들다."

"무슨 말씀이세요, 사부님?"

"나는 죽기 살기로 장사를 하지 않아. 죽기로 장사를 하지."

"네? 무슨 말씀이신지?"

"자네가 그렇게 하고 싶어 한다는 사회복지사 일을 진짜로 죽기로 해봤어?"

"나름 최선을 다해 일을 했고, 더 열심히 해보고 싶어서 독립 사회복지사를 꿈꾸는 것입니다."

"좋다. 하지만 자네는 생각을 바꿔야 하지 않겠어?"

"어떻게요?"

"내가 장사를 할 때는 죽기로 장사를 하거든. 내가 죽기로 장사를 해야 고객들이 나를 알아주고, 내 과일을 사주셔. 죽기 살기로 하면 손님들이 내가 살고 싶다는 것을 알아. 그만큼 간절함이 부족하다는 것을 안다는 것이지."

"아, 맞는 말씀입니다."

"나는 자네가 사회복지를 정말 간절히 하고 싶다면 가족의 생계를 생각하지 말고, 자네의 꿈을 생각하지 말고 죽도록 사회복지만을 해야 하지 않나 싶은 거야."

"그래도 처자식 생계는 책임져야 하지 않을까요?"

"자네, 혹시 〈모아나〉라는 애니메이션 영화를 본 적 있어?"

"네, 사부님. 애들 데리고 극장에서 봤습니다."

"영화 후반부에 가면 테피티 섬을 앞에 두고 모아나와 마위가 언쟁을 하지. 꼭 가야 한다는 모아나와 그것은 실현 불가능한 무모함이라고 하는 마위. 결국 마위는 떠나고 모아나 혼자 용암 괴물인 데카를 상대하게 되는 장면. 혹시 기억이 나?"

"네. 기억이 납니다."

"모아나는 혼자서 죽을 수도 있는 싸움을 마다하지 않았어. 죽어서라도 가야 하는 테피티 섬이 있었단 말이야. 죽음을 무릅쓰고 데카와 싸우다가 데카로부터 죽기 직전에 누군가가 도와주면서 죽지 않았어. 누가 도와줬는지도 알지? 그래, 마위가 돌아와준 거지."

"이봐, 부사수. 내가 무슨 말을 하고 싶은지 짐작이 가나?"

"네. 대충 짐작이 되네요."

"오래 살아보지는 않았지만, 죽도록 무슨 일에 미쳐 있으면 그

일에 동의하고 동조해주는 사람이 생긴다는 것을 살면서 알게 됐지. 자네가 사회복지 일에 죽도록 미쳐서 모든 것을 포기하고 오로지 한 길만 간다면 자네를 후원해주는 후원자들이 생길 거라고 나는 믿거든. 그 후원자가 생기지 않으면 내가 자네를 후원할게. 죽도록 사회복지의 길을 가보든지, 아니면 죽도록 장사의 길을 가보기를 바란다는 거야."

"맞는 말씀이네요. 죽도록 해보지는 못한 것 같습니다."

"그럼, 장사를 시작하겠다고 길을 나섰으니 이제 장사를 죽도록 해보자고."

그렇게 출근 두 번째 날이 시작되었다.

항상 나는 눈을 뜰 때면 오늘 죽도록 최선을 다하자고 다짐을 하고 집을 나선다. 하루가 멀다 하고 생기는 과일 가게, 온라인 과일 밴드, 마트들이 부족해서 인터넷 커뮤니티에서는 친정아버지가 과일 농사를 지었다며 판매 글이 올라오는 현실에서, 살 방법을 찾는 죽기 살기의 마인드로는 부족하다. 죽기로 장사를 하거나 죽거나 둘 중 하나를 택해야 살아남을 수 있지 않을까? 그렇게 부사수에게 말을 해주고 있었지만, 그건 나 자신을 다그치는 말이기도 했다.

너는 벌써 연봉 1억

황금알을 낳는 거위

가난한 농부가 일을 하고 있을 때 거위 한 마리가 농장으로 들어오자 그 거위를 요리해 먹으려고 집 기둥에다 묶었다. 다음 날 그 거위가 알을 낳았는데 알에서 황금빛이 나는 게 아닌가? 혹시나 하고 알을 보았더니 진짜 황금으로 된 알이었다. 그 뒤 계속해서 황금알을 낳는 거위 덕분에 농부는 황금알을 시장에다 팔아 부자가 되었다. 그러던 어느 날 농사짓기가 싫어진 농부가 황금알을 낳는 거위의 배를 가르면 훨씬 더 많은 알이 쏟아져 나올 거라는 기대를 하고는 거위를 잡아 배를 갈랐지만, 거위의 배에서는 보통 거위들처럼 붉은 피만 쏟아질 뿐이었다.

여기까지가 《이솝우화》의 〈황금알을 낳는 거위〉의 줄거리다. 그리고 이 우화가 우리에게 주는 교훈은 '지나친 욕심을 갖지 말자'이다. 참으로 맞는 말인 것 같다. 사람들은 자기가 갖고 있는 것에 대한 고마움을 잊고 사는 경우가 많다.

나만 해도 생활에 안정을 갖다주었던 택배 일을 황금알을 낳는 거위라 여기며 살았으면 될 것을 더 벌겠다는 욕심으로 그 일을 그만두고 핸드폰 매장을 차렸다가 빚만 지게 되었으니 욕심을 부린 대가가 작다 할 수 없을 것이다.

황금알을 낳는 거위, 그 뒷이야기

황금알을 낳는 거위를 잃은 농부는 사는 낙이 없어졌다. 하루하루가 우울했고, 무엇도 하고 싶지 않았다. 아침부터 저녁까지 술에 의지해 버티고 있었으니 차라리 죽는 것이 좋겠다고 생각을 했다. 그러던 어느 날 농부의 집을 지나가던 꼬마아이가 농부에게 한마디를 던지고는 도망갔다.

"아저씨, 거위는 잃었지만, 황금알을 낳는 거위의 배 속이 일반 거위와 같다는 것을 알았잖아요. 거위의 배를 가르지 않았으면 배 속에 황금알이 있는지 그냥 다른 거위의 배 속과 같았는지 알 수 없었어요. 알았다는 것이 더 중요한 것이에요."

그 말을 들은 농부는 '아차, 내가 더 중요한 것을 잊고 살았던 거야'라고 생각하며 황금알을 낳는 거위가 없던 때처럼 다시 열심히 농사일을 시작했다. 그렇게 씨를 뿌리고 열심히 일을 했더니 농부가 심은 나무에서 황금 열매가 열리고 있었다.

여기까지가 황금알을 낳는 거위, 그 뒷이야기의 줄거리다. 이 뒷이야기는 나의 상상으로 써내려간 이야기다. 이 뒷이야기가 나에게 주는 교훈은 현실에 안주하지 말고 더 나은 내일을 위해 과감히 도전해보자는 것이다. 설령 그것이 실패했다 해도 도전하지 않은 사람들보다 더 발전된 나를 찾을 수 있고, 만날 수 있다는 확신을 나는 갖고 있다.

당신이 생각하는 그 뒷이야기가 어떻게 전개될지 스스로 써보는 것도 좋을 것 같다.

경험만이 나를 성장시켜준다

"부사수, 때론 불안할 때도 있을 거야. 일이 뜻대로 되지 않을 때는 왜 내가 사회복지사의 일을 그만두었을까 후회가 될 때도 분명히 있을 거야."

"그럴 수도 있을 것 같습니다."

"하지만 황금알을 낳는 거위, 그 뒷이야기는 자네가 하기 나름이라고 생각하네."

"알겠습니다. 열심히 해보겠습니다."

"당연히 열심히 해야지. 자네는 벌써 연봉 1억이거든."

"연봉 1억이요? 아직 시작도 안 했는데 어떻게 연봉 1억입니까?"

"내가 이것저것 빚이 많아서 버는 족족 빚을 갚고 있어서 그렇지, 빚만 없다면 연봉으로 1억 정도 되거든. 그러니 자네는 내가 하는 것 그대로 따라만 하면 연봉 1억은 된다는 말이야."

"생각만 해도 좋네요. 사부님, 그렇게 됐으면 좋겠어요."

"자네는 아직 멀었어. 무슨 일이든 됐다고 하고 시작하는 거야. 그리고 될 때까지 포기하지 않는 거야. 내가 하겠다고 하는데 안 될 게 뭐가 있어. 될 때까지 하겠다는데. 자네는 이미 연봉 1억이라고."

"넵. 저는 연봉 1억입니다."

"하하. 아니지. 자네는 연봉 2억이지."

"연봉 1억도 많은데 연봉 2억이라고요? 그건 좀 아닌 것 같습니다."

"내 연봉이 1억이라고 했지?"

"네."

"자네는 내가 하는 것을 그대로 하면 연봉 1억은 된 거고. 자네가 갖고 있는 장점 하나를 접목해서 장사를 하면 나보다 더 벌어야 하는 거 아냐? 그러니까 최소 연봉 2억은 된다고 나는 보는데. 앞으로 자네 연봉은 2억으로 하자. 될 때까지 황금알을 낳는 거위의 배를 갈라보는 거야. 거위 배 속에 황금알은 없어도 자네가 성장해가는데 도움이 되는 비법 하나씩은 얻을 수 있지. 그 비법이 뭐 대단하겠어. 경험 하나 얻는 거라 생각하자고."

"알겠습니다, 사부님."

"그 경험이 쌓이고 쌓이면 그 경험들이 언젠가는 자네를 밀어올려주고 있을 거야. 나도 마찬가지고."

어려웠던 형편 탓에 대학을 졸업하지 못하고 사회에 나와서 많은 일들을 했었다. 적성에 맞는 일, 하고 싶은 일을 한다는 것이 여의치가 않았다. 당장 오늘 일을 하지 않으면 내일을 살 수가 없었기 때문에 이 일 저 일 가리지 않고 닥치는 대로 일을 했다.

당시에는 누가 나의 직업을 물어보면 부끄럽기도 했고, 나 스스로도 떳떳하다 생각하지 못했는데, 그 경험들이 지금의 나를 밀어주고 있다. 더 나은 방향으로 가라고 길을 잡아주고 있다. 아팠던 추억이 오히려 지금의 나를 성장시켜주고 있으니 감사할 따름이다. 그리고 지금에 더 충실해야 한다는 큰 울림에 행동으로 답을 해야 한다. 그렇게 우리는 우리의 과거를 품에 안고 내일을 향해 나가는 거다. 더 큰 세상으로.

나의 부사수가
최대의 라이벌이 되다

과일 장사에 미친 부사수

아무리 일을 배우겠다고 왔기로서니 월급도 제대로 받지 못하면서도 시키는 일을 그렇게 열심히 하는 사람이 있을까 싶을 정도로 과일대통령이란 과일 가게가 마치 자신의 가게인 것처럼 일해주었다. 새벽 4시까지 나오라고 했는데, 꼭 10분을 먼저 와서 기다렸다. 도매시장에 나가서 과일을 눈으로 보고 좋은 과일을 알아보는 방법, 맛을 봤을 때 어떤 맛이 싱겁고, 어떤 맛이 진한지, 향이 얼마나 오래 입 안에 머무르는지, 간혹 앞서 경매가 끝난 과일들보다 품질은 월등히 뛰어난데 가격이 정말 저렴하게 낙찰되는 경우가 있는데 어떤 때에 그런 일이 생기는지, 각 중매인들의 물건 사는 스타일은 어떠한지 등등 세심하게 살펴야 하는 것들을 아낌없이 알려주었다.

그걸 빠르게 흡수를 했고, 모르면 물어보고 또 물어보고 머릿속에 기억하고 입으로 자연스럽게 나올 때까지 혼자서 중얼중얼거리는 모습이 대견해보였다. 내가 동생과 함께 장사를 하다가 독립을 한 지 얼마 되지 않았던 때라 단골손님도 많이 잡히지 않아서 매출이 나오지 않는 날에는 "사부님, 제가 과일을 갖고 나가서 노점에서 팔아보겠습니다"라며 어디로 가면 좋을지, 어떻게 진열하고, 어떻게 해야 손님들이 좋아하는지를 물어보았다. 내가 동생과 함께했던 노하우들을 알려주면서 해보라고 했고, 또 그걸 잘해내고 있었다. 그렇게 새벽 4시부터 내가 일을 마치는 밤 10시까지 요령 피우지 않고 열심히 배웠다. 길 것 같았던 약속한 3개월이란 시간이 3일 정도밖에 되지 않는 듯 빠르게 흘렀고, 부사수를 아파트 알뜰장으로 독립을 시켰다.

'딱 그만큼' 오른다

독립을 시켰지만 아파트 알뜰장에서 자리를 잘 잡도록 새벽이 되면 같이 도매시장에서 만났다. 과일을 같이 보면서 준비해야 될 과일을 고르고, 날씨에 따라 준비해야 할 과일은 무엇인지, 어떤 과일을 저렴하게 팔아서 손님을 끌고, 어떤 과일에서 이익을 좀 더 남길지 등등의 전략도 짜주었다. 매일 같이 만나면서 열심히 하는 부사수의 모습이 보기도 좋았을뿐더러 나 또한 더 열심히 하도록 하는 자극이 되어주었다.

그렇게 또 시간이 흐르다 보니 부사수의 매출이 급격히 올랐다.

과일 장사는 정말 정직하다. 내가 잠을 덜 잔 만큼 매출이 오르고, 내가 앉아 있지 않고 부지런히 과일의 상태를 체크하고 좀 더 예쁘게 보이도록 진열을 하고, 내가 외치는 만큼, 손님에게 과일의 맛을 보여주는 만큼 매출이 올라간다. 어차피 주어진 시간이라면 매장이 되었든, 노점이 되었든, 오후 7시에 정리를 하나 밤 12시까지 장사를 하나 그것은 장사꾼의 마음에 달렸다. 하지만 분명한 것은 좀 더 오래 자리를 지키고 있는 만큼 매출은 올라간다. 정말 '만큼'의 정직함이라 할 수 있다. 부사수의 매출이 급격히 올라갔다는 것은 '딱 그만큼!' 노력의 결실이라는 것을 누구보다 나는 잘 안다. '딱 그만큼!'

결국 나는 속 좁은 사수였다

과일대통령도 시간이 지날수록 자리를 잡아가면서 매출이 많이 오르고, 독립한 부사수 역시 열심히 한 덕에 매출이 많이 올랐다. 그렇게 서로가 서로에게 응원이 되어주고 격려하면서 정말 미쳤다 할 정도로 열심히 했다. 하지만 문제는 서로가 잘되면서부터 나타났다. 혼자 물건을 하거나 초창기 서로 매출이 높지 않을 때는 문제가 되지 않던 과일 양이 서로 매출이 급격히 늘어나면서 준비해야 하는 과일의 양도 덩달아 늘어난 탓에 내가 못 갖고 가거나 부사수가 못 갖고 가는 상황이 발생하기 시작한 것이다.

그동안 내가 거래하던 도매 거래처들을 그대로 알려주고 같이 다녔기 때문에 어쩔 수 없이 생기는 문제였지만, 이런 문제가 생기기 전까지는 이런 일이 생길 거라고 미처 생각을 못하고 있었다. 그때부터 내 마음속에 서운함이 자라기 시작했다. '원래는 내가 갖고 가서 팔아야 하는 물건인데……'라는 생각이 들면서 내가 부사수보다 좀 더 일찍 나가서 미리 과일을 선점하는 경우가 생겼다.

부사수 역시 좋은 과일을 준비해야 단골손님들을 유지할 수 있기 때문에 역시 좀 더 부지런함을 떨어서 좋은 과일을 확보하려고 노력을 했다. 서로가 어색해지는 순간이었다. 나는 내가 가르친 부사수가 잘되어야 하는 것이 당연하지만, 내가 팔 과일이 줄어드는 것을 생각하면 마음이 편하지 않았고, 부사수 역시 자신을 가르쳐준 내가 잘되기를 바라지만, 역시 자신도 팔아야 하니 불편한 마음이었을 거라는 생각이 들었다. 그렇게 어색하게 함께 움직이는 모습이 좀 우습다는 생각이 들었다.

경쟁은 살벌하게, 연합은 끈끈하게

한정된 대전 시장에서 과일을 준비하는 것으로는 서로 간에 서운한 마음이 오래갈 것 같아 빠른 답을 찾아야 했다. 따로 시간을 내어 부사수를 만났다.

"부사수야, 우리가 장사를 하는데 내가 네 사수라고 좋은 과일을 나한테 다 양보할 수는 없어."

"저도 배운 대로 좋은 과일을 팔고 싶습니다."

"장사는 죽기로 해야 한다고 내가 늘 자네에게 말했지? 설령 너하고 내가 경쟁 상대가 되어도 마찬가지야. 내가 경쟁에서 지면 나 하나로 끝나는 게 아니고 내 처자식이 굶는다. 자네가 경쟁에서 지면 자네 처자식이 굶는다고. 그러니 우리가 서로 경쟁을 한다면 죽자고 장사를 해야 돼. 각자의 가족들을 위해서."

"그렇지 않았으면 좋겠습니다."

"그래서 말인데, 이제 대전 시장만 고집하지 말고 산지로 움직이자. 대전 도매시장은 자네가 맡고, 나는 김천이나 성주 같은 산지 공판장에 가서 좋은 과일을 갖고 올게. 그것을 서로 나누어서 팔면 지금처럼 물량이 부족해서 애먹는 경우는 없을 것 같거든."

"그럼 너무 힘드시지 않겠어요?"

"야, 오늘은 죽자고 일하는데 맨날 안 죽었잖아. 좀 더 열심히 하라는 것이겠지. 하하."

"제가 과일을 좀 더 잘 볼 줄 알면 제가 더 열심히 다니겠습니다."

"좋다. 그렇게 하자고."

그렇게 술 한 잔 나누며 그동안 서운했던 마음들을 털어내고 함께 새벽시장을 주름잡던 몇 달 전처럼 끈끈한 우정을 되찾았다. 대전에서 서로 "부사수가 최고네", "사부님이 최고십니다" 하면서 잘나가는 과일 가게로 자리를 잡은 것은 서로를 배려하는 마음이 컸기 때문이다. 오해가 생기고 앙금이 생길 것 같을 때는 서로 터놓고 소통했던 것도 좋은 방법이었던 것 같다. 앞으로도 내 부사수는 나를 긴장시키는 경쟁자이자 나를 성장시키는 든든한 파트너가 될 것이다.

농구공을 잡고 싶다면

낚시의자에 앉아서 졸고 있는 옥수수 장수

늘 같은 자리에서 옥수수와 술빵을 팔고 있는 국도변의 노점 트럭이 있다. 배달 때문에 그 길을 자주 다니기에 그 노점 트럭을 자주 본다. 낡은 트럭에 찐 옥수수 몇 봉지를 찜솥에 올려놓고 그 옆에는 술빵 몇 덩어리를 진열하고 장사를 하신다.

예순은 넘어 보이시는 지긋한 나이에 한여름 땡볕에서도 노점 장사를 하시기에 검게 그을린 얼굴과 팔, 다리를 하고 계셨다. 한 번도 차를 세워 그 옥수수와 술빵을 사먹어 보지 않아 맛은 모르겠다. 하루도 거르지 않고 나오시는 것을 보면 '장사가 되니까 나오시겠지'라고 생각을 해보지만 그 또한 알 수가 없을 것 같다.

그 트럭 앞에 차를 세우고 옥수수와 술빵을 사는 사람을 본 적도 없을뿐더러, 그 사장님이 일어서서 움직이는 모습을 거의 본 적이 없다. 그 트럭을 지나는 시간이 보통 오후 2시 전후여서 그런지 그 사장님은 늘 낚시의자에 앉아서 주무시고 있는 모습만 봤다. 대체 왜 나오실까?

앉아서 핸드폰 게임만 하는 노점 과일 장수

매주 월요일이면 한 아파트에 알뜰장이 선다. 진열이 된 과일 앞에서 40대 아주머니가 부지런히 장사를 하시고, 아마도 남편이겠지만, 반바지에 민소매 티를 입고 일명 쪼리라는 슬리퍼를 신고 낚시의자에 눕듯이 기대어 앉아 다리를 꼬고 있다.

손에는 핸드폰을 쥐고 있고 열심히 게임을 하고 있는 남자. 무거운 사과 상자를 나르며 팔린 과일을 다시 진열하고 있는 아주머니. 무거운 물건 좀 날라달라고 아주머니가 부탁을 하면 "그걸 왜 한꺼번에 날라. 덜어서 조금씩 갖다 진열하면 되지"라고 핀잔을 주면서 계속 고스톱을 치고 있는 저 남자는 왜 나와서 무슨 장사를 하고, 무슨 일을 하고 있는지 도통 모르겠다.

손님 없는 매장에서 종일 영화만 보는 핸드폰 가게 사장

아침 10시에 매장 문을 열고 대충 청소를 하는 것 같다. 지나다니는 사람들도 들을 수 있도록 음악을 켜고 그다음부터는 소파에 앉는다. 소파 앞에는 TV가 있고 영화를 튼다. 얼핏 보기에 극장 상영

작인 것 같다.

인터넷 IPTV에서 볼 수 있는 극장 동시상영으로 나오는 영화일 것이다. 나도 핸드폰 매장을 해봐서 안다. 극장 동시상영 영화도 통신사 매장에서는 무료 시청이 가능하다. 그렇게 모든 극장 상영작을 다 보고 있는 것 같다. 물론 손님도 잘 들어가지 않는다. 그렇게 하루 종일 영화를 보기도 하다가 바둑도 보다가 저녁 8시가 되면 매장 문을 닫고 퇴근을 하는 핸드폰 매장 사장님이 있다. 왜 나와서 무슨 일을 하는지 모르겠다.

안 되는 식당은 손님 없어도 '물은 셀프 서비스!'

손님으로 한창 붐벼야 할 점심시간에 밥을 먹으러 들어간 식당에 손님이 없다. 김치찌개를 시키고 앉아 있으니 밥과 반찬이 먼저 나오고 잠시 후에 찌개가 나왔다.

물 한 모금 마시고 밥을 먹으려고 하는데 물이 없어서 "사장님, 물 좀 주세요"라고 했더니 손님은 나밖에 없는데 사장님이 "물은 셀프입니다"라고 말씀하시며 미국 메이저리그 야구를 보느라 TV에서 눈을 떼지 못하신다. 자기 식당에 밥을 먹으러 온 손님에게 물 한 잔 대접하지 못하는 저 사장님은 왜 식당을 하시는지 모르겠다.

손님이 엄청 많아서 정신없이 바쁘면 미안해서라도 물은 내가 갖다 마시겠지만, 이런 대접을 받고 밥을 먹어야 하나 싶어서 들던 숟가락을 내려놓고 돈을 주고 나왔다.

거저먹고 싶은 장사꾼

오프라인 매장을 운영하기도 하지만, 온라인 카페를 운영하면서 과일을 팔기 때문에 카페를 통해서 보고 오기도 하고, 도매상으로부터 장사가 좀 된다는 얘기를 듣고 내 매장을 찾아오는 장사꾼들이 간혹 있다. 그리고는 이러저러하게 장사를 하고 있는데 장사가 통 안돼서 노하우를 좀 배우러 왔다며 어떻게 장사를 하면 좋은지를 알려달라고 한다.

"사장님, 시장은 어디 시장에 나가세요?"

"노은시장에 나갑니다."

"몇 시에 나가세요?"

"오전 8시에 나가요."

"경매가 몇 시에 시작하는데요?"

"4시 반에 시작하죠."

"그런데 왜 8시에 나가세요?"

"아, 중도매인한테 전날 발주를 넣어서 그 시간에 가면 다 준비해주거든요."

"그 과일 맛있나요?"

"네. 먹어보고 맛없으면 안 사는 것을 알아서, 항상 맛있는 거 사주거든요."

"그래요? 저는 4시 전에 나가서 과일 맛을 다 보면서 제일 맛있는 걸 매입하라고 중매인한테 발주를 넣습니다."

"중매인하고 오래 거래해서 좋은 것 사주는데 굳이 그럴 필요가 있나요?"

"사장님이 가장 맛있다고 하는 것은 그 중매인이 사놓은 과일 중에 가장 맛있는 거라고 생각되지 않으세요? 더 맛있고 더 좋은 과일을 일찍 나온 장사꾼들이 다 먼저 가져가고 남아 있는 찌꺼기 과일 중에 제일 좋은 과일을 갖다놓고 팔면 그 과일이 진짜 좋은 과일일까요?"

"대전에 들어오는 과일이 다 거기서 거기 아닙니까? 어차피 다 그 시장에서 과일을 떼다가 파는 거고. 장사가 좀 된다고 잘난 척하기는……. 누구는 안 해봤겠어요?"

결국 이렇게 말하며 기분 나쁘다는 듯 돌아가는 사람이 꽤나 많다. 장사가 좀 된다고 하는 나도 매출이 도통 안 오를 때가 있다. 그럴 때는 나 역시 마음이 편하지 않다.

그럴 때면 내 과일의 맛이 부족하지는 않는지, 혹시 대전 도매시장보다 더 맛있는 과일이 들어오고 있는지 확인하기 위해 김천, 성주, 영천, 안동, 가락시장 등 다른 도매시장에 가서 과일을 체크해보곤 한다. 내 주위에 새로 과일 가게가 오픈한 데는 없는지, 새로 인터넷 카페나 밴드를 개설해서 장사를 시작한 경쟁자는 없는지, 옆 동네에서 배달로 내 상권에 넘어오는 과일 가게는 없는지를 유심히 체크해본다.

내 장사가 잘되어 돈을 많이 벌고 싶다면 그만한 대가가 따르기 마련이다. 그 대가는 잠을 덜 자야 하는 대가, 더 멀리 다녀와야 하는 대가, 아침에 진열한 과일의 컨디션이 좋은지 오후에 다시 체크해야 하는 부지런 떨어야 하는 대가, 한가하다면 매장을 한 번이라도 더 쓸어야 하고 지나가는 사람들을 의식하며 무엇이 되었든 일하는 모습을 보여줘야 하는 대가, 그런 대가들이 필요하다.

가게만 차렸다고 손님이 오기를 바란다면 그것은 지나친 욕심이고, 과일을 진열해놨다고 알아서 팔리기를 바란다면 도둑놈 심보가 아니고 무엇이란 말인가. 내가 갖고 있는 약간의 편안함, 약간의 즐거움, 약간의 수고도 내려놓기 싫으면서 더 많은 돈을 벌고 싶고, 좋은 음식을 먹고 싶고, 좋은 곳에 여행을 가고 싶고……. 그렇게 바라는 것만 많다면 차라리 장사를 하지 말아야 할 것이다. 농구공을 잡고 싶다면 최소한 손에 쥐고 있는 야구공 정도는 내려놓기를 바란다.

장사에도 관성의 법칙은 통한다

늘 같은 자리

중학교부터 고등학교까지 학교가 늘 멀었다. 항상 버스를 타야 했고, 버스를 타고 한 시간을 가야 학교에 도착할 수 있었다. 중학교는 옥천으로 나가는 버스를 타야 했는데 그 버스의 배차 시간이 한 시간 간격이어서 첫차를 타야 했고, 고등학교 때는 대전의 변두리에 살아서 역시 한 시간 간격으로 오는 버스였기에 늘 첫차를 타야 했다.

그렇게 버스를 타면 나보다 먼저 탄 사람들은 한 치의 오차도 없이 늘 같은 자리에 앉아 있었다. 그리고 버스가 정류장에 설 때마다 다음에 탈 사람이 누구인지를 뻔히 알게 된다. 그리고 그 사람들은 늘 익숙한 듯 항상 자기들이 앉던 자리로 가서 앉는다. 마치 정해져 있는 자기 자리인 듯 말이다.

그러다 어느 날 낯선 사람이 버스를 타는 바람에 늘 고정좌석처럼 앉던 자리에 앉지 못하면 난감해진다. 내가 앉던 자리에 다른 사람이 앉아 있다. 나도 꽤나 어색한 느낌으로 다른 자리에 앉지만, 그다음에 타는 사람들의 표정도 나와 비슷해보인다. 대략 난감한 표정.

우리는 이처럼 늘 하던 패턴에서 벗어나면 불안해진다. 뭔가 어색해지고 불편하다. 늘 하던 대로 하면 된다고 생각했는데 하던 대로 되지 않아서 오는 불편함이 있다. 그래서 사람은 변화를 싫어한다. 익숙함에 길들여져 있고, 그 익숙함에서 벗어나고 싶어 하지 않는다. 새로움에 도전하지 않는 것. 그것은 어찌 보면 당연한 것 같다.

변하고 싶지 않은 장사꾼

남들 다 나가는 시간에 시장에 와서 중매인과 커피를 마시고 수다를 떨면서 한참을 앉아 있다가 과일 몇 상자 싣고는 장사를 하러 나가는 노점 장사꾼이 있다. 그 노점 장사꾼이 수다 떠는 이야기를 들어보면 이랬다.

"어제는 바람이 불어서 장사가 안됐다."

"그저께는 비가 와서 장사가 안됐다."

"요즘 사람들은 왜 노점에서는 과일을 잘 안 사는지 모르겠다."

"건너편에 차를 대고 장사를 하는 매너 없는 장사꾼 때문에 장사가 안됐다."

"팔 것도 없는데 오늘도 뻔히 장사가 안되겠군."

이 장사꾼은 장사가 안되는 것에 익숙해져 있다. 그러니 장사가 잘되는 것이 불편하고 불안하다. 늘 수다를 떨면서 불평불만을 늘어놓아야 하는데 장사가 잘돼서 불평불만을 늘어놓을 수 없는 것이 어색하다. 그래서 이 장사꾼은 장사가 잘되기를 바라지 않는다.

생각으로만 장사가 잘되었으면 좋겠다고 생각하고, 돈 쓰고 싶은데 돈이 없을 때만 장사가 잘되었으면 좋겠다고 생각하지만 이미 몸은 돈을 버는 곳으로 움직이는 것을 포기하고 있다. 그렇게 장사가 안되는 관성에 빠져 있다.

끊임없이 도전하고 연구하는 장사꾼

장사가 끝나고 밤 12시쯤에 시장에 나가면 한 과일 가게 사장이 시장에서 들어온 과일을 체크하고 있다. 그리고 다음 날 새벽 4시에 나가면 그 사장 역시 그 시간에 다시 나와서 과일을 체크하고 있다. 대전으로 들어오는 과일이 마음에 들지 않아서 장사 끝나고 가락시장에 가서 과일을 둘러보고 있으면 그 사장 역시 가락시장을 누비면서 맛있는 과일을 찾고 있다. 내가 그 사장을 보면서 속으로 '지독한 놈이네'라고 생각을 한다. 그 역시 나를 보면서 그렇게 생각하고 있을 거라고 짐작해본다.

남들이 나보다 좋은 과일을 팔고 있는 꼴을 나는 보고 있지 못한다. 어떻게든 남들이 팔고 있는 과일보다 더 맛있고 더 싱싱한 과일을 팔아야 한다. 그 과일이 멀리 있다는 것은 문제가 되지 않는다. 그냥 가는 거다. 그리고 갖고 오는 거다.

남들이 나보다 더 많이 파는 꼴을 나는 보고 있지 못한다. 어떻게든 경쟁자의 매출보다 내가 더 많이 팔아야 한다. 손님에게 무엇을 덤으로 줄까? 어느 시간에 판매 글을 올려야 소비자들이 많이 보고 구매로 이어지나? 어떤 과일을 지금 먹고 싶어 할까? 어떻게 하면 소비자들의 긴장을 낮추게 해서 매출로 연결시킬 수 있을까를 끊임없이 생각한다.

남들이 장사가 잘 안된다고 할 때 매출을 유지하고 있다고 해도 나는 늘 불안하다. 내 매출은 조금씩이라도 늘어나야 한다. 정체되는 것이 불안한 것이다. 나의 매출이 정체되고 있다는 것은 내가 안주하고 있다는 것이고, 내 정신 상태가 나태해져 있다는 것이다. 그렇기 때문에 나는 어떻게든 내 매출을 상승시킬 방법을 찾아야 한다. 그렇게 장사가 잘되는 관성이 유지되도록 길을 잡아주는 것이다. 그렇게 늘 변화하고자 하는 것에는 고통이 따르기 마련이다.

변화하는 관성을 가진 사람만이 성공할 수 있다

똑같은 과일 장사를 하고 있는 두 명의 노점 장사꾼이 있다. 둘 다 장사가 안돼서 삶이 막막한 상황에서 각자 어떤 마음가짐을 갖고 있는지 살펴보자.

한 장사꾼은 장사가 안되는 이유가 물건을 잘못 사준 중매인의 잘못이고, 싸게 파는데도 그 과일을 사주지 않는 손님 탓이고, 장사를 할 수 없게 만드는 날씨 탓이고, 일을 못 나가게 만드는 고장 난 차가 문제이고, 먹고살겠다는데 자꾸 장사를 못하게 하는 노점 단속반 탓이라고 한다. 그러면서 장사를 때려치우겠다고 한다.

또 한 명의 장사꾼은 자신이 좀 더 부지런을 떨지 못해서 새벽에 일찍 나가지 못한 것이 잘못이었기 때문에 내일부터는 시장에 가장 먼저 나가야 하는 것을 깨달았고, 싸게 파는데도 그 과일을 손님이 사주지 않는 것은 과일이 싱싱하지 못해서일 수도 있으니 무조건 싼 것이 아니라 품질도 받쳐주는 과일을 준비해야 한다는 것을 깨달았다고 했다. 그리고 행여 나에게서 나는 담배 냄새가 손님들에게 불쾌감을 줘서 안 올 수도 있을 것 같으니까 담배도 끊어야겠다고도 했다. 또한 날씨를 자신이 어떻게 할 수는 없으니 실내에서 팔 수 있는 곳이 있는지 미리 파악해보는 것도 좋은 방법이 될 것 같고, 차는 항상 말썽 피우지 않도록 세심하게 정비하겠다고 했다.

마지막으로, 노점 단속반이야 그들이 해야 하는 일에 충실히 하는 것은 당연히 인정해야 하고, 나 역시 장사를 해야 먹고사니 단속반의 이동경로를 파악해두었다가 그 경로나 시간을 피해서 장사를 열심히 하겠다고 결심했다. 그렇게 열심히 장사해서 가게도 차리고, 자신이 걸어왔던 길을 걷고 있는 사람들에게 자기가 갖고 있는 경험과 노하우를 알려줘서 그들도 재기에 성공하는 데 조금이라도 도움을 주고 싶다고 했다.

그렇게 장사가 안되는 상황은 똑같았지만, 한 명은 장사를 포기해서 실패한 장사꾼이 되었고, 다른 한 명은 장사가 안되는 상황을 어떻게 변화시킬지를 고민하며 찾은 방법들을 행동으로 옮기며 그 상황을 극복하고자 노력했다. 누가 성공을 했을까?

부디 성공을 향한 관성이 멈추지 않기를……

장사를 하다 보면 내 뜻대로 되지 않을 때가 있다. 계획했던 것과 다른 결과가 나오기도 하고, 전혀 예상하지 못한 돌발 변수로 인해 어떻게 대처해야 할지 모르는 난감한 상황이 생기기도 한다.

장사를 계속해야 할지 말지를 심각하게 고민해야 하는 위기가 올 수도 있고, 돈벌이가 안돼서 때론 울고 싶어질 때도 분명히 있을 것이다. 하지만 포기하지 마라. 실패해서 포기하는 것이 아니라 포기해서 실패하는 것이다.

나는 과일 장사로 반드시 성공한다. 그것은 내가 특별한 노하우가 있어서가 아니다. 따로 돈 주고 성공하는 방법을 배운 것도 아니다. 내 가슴속에 뜨거운 열정이 있기 때문이다. 반드시 성공할 때까지 포기하지 않겠다는 의지가 있기 때문이다.

내가 멈추지 않는 한 실패는 없다. 그리고 다 이루고 난 후에 갖는 꿀 같은 휴식이 얼마나 달콤하고 뿌듯할까? 머지않아 도착할 성공을 바로 코앞에 두고 당신의 관성이 멈추지 않기를 소망한다.

반전을 기다리는 당신에게

무엇을 팔겠습니까?

장사꾼의 입장에서 질문을 해보자.

질문1 "3,000만 원 하는 차를 팔기가 쉬울까요? 3만 원 하는 과일을 팔기가 쉬울까요?"

질문2 "매월 50만 원을 30년 받아야 하는 종신보험을 팔기가 쉬울까요? 3만 원 하는 과일을 팔기가 쉬울까요?"

고객의 입장에서 질문해보자.

질문1 "3,000만 원 하는 차를 사기가 쉬우세요? 3만 원 하는 과일을 사기가 쉬우세요?"

질문2 "매달 50만 원을 30년 내야 하는 종신보험에 가입하기가 쉬우세요? 3만 원 하는 과일을 사기가 쉬우세요?"

답 없이 질문만 던졌지만, 어떤 답이 나올 것인가는 뻔히 알 수 있을 것이다. 팔기도 쉽고 사기도 쉬운 과일을 팔아야 할지, 번듯한 옷차림에 전문가 포스가 나서 좋을 것 같기는 하지만, 구매자들이 사기 부담스러워 하고 판매하는 영업사원이 팔기 어려운 자동차나 보험을 팔아야 할지 심사숙고해볼 일이다. 어떤 것이 맞는지는 개인의 성향이나 취향에 따라 다를 수 있겠지만, 통상적으로 먹고살기 위해서, 아니면 생활의 어려움 때문에 당장 돈을 벌어야 하는 경우나 좀 더 빠른 시간 내에 돈을 벌어야 하는 사람의 입장에서 어떤 선택이 좋을지를 고민해보라는 것이다.

과일 장사, 우습게 보지 마라

어떻게 하느냐의 문제는 차치하고 과일 장사로 얼마나 벌 수 있는지를 따져보자. 내가 했던 일들의 수입을 기준으로 해서 설명해보겠다. 꽤나 시간이 흘렀지만, 내가 20대 중반이던 2002년 자동차 영업사원으로 1년을 근무한 적이 있었다. 대체적으로 3,000만 원짜리 차를 한 대 팔면 대리점으로 내려오는 수당이 7%였다. 그중에 대리점이 3%의 수수료를 가져가고, 4%의 수수료가 영업사원의 수입이 되었다. 금액으로는 120만 원 정도의 수수료를 받는 것이었다.

흔히들 차를 얼마나 타냐고 물어보면 대부분이 10년은 탄다고 대답을 한다. 차 한 대 팔아서 10년을 탄다면 그 고객 한 명은 1년에 나에게 12만 원을 벌어주었다는 계산이 된다. 그것을 달로 또 쪼개면 한 달에 1만 원을 벌어주는 꼴이 된다.

보험 영업도 경험을 해봤다. 당시 모든 보험사에서 주력으로 팔라고 하는 보험 상품이 종신보험이었다. 종신보험의 수수료는 600% 정도 되었다. 예를 들어 50만 원짜리 종신보험 한 건을 팔면 300만 원이 정산되어 수수료로 나오는 것이었다. 젊은이들이 들으면 혹할 만한 수수료라는 생각이 들겠지만, 종신보험의 보장 기간이 종신이다.

돈을 납입하는 기간만으로 수수료를 따져보면 납입 기간을 대부분 30년으로 하는 경우가 많았으니 연으로 나누어보면 1년에 10만 원 벌어주는 계산이 된다. 마찬가지로 달로 쪼개면 한 달에 8,000원 벌어주는 계산이 나온다.

차 한 대 팔고 한 달에 1만 원 벌어주고, 보험 하나 팔아서 8,000원 벌어준다면, 과일은 어떨까? 단골손님 한 분이 일주일에 나에게서 평균 두 번의 과일을 사주시고 평균 구매단가가 3만 원이다. 한 달 총 과일 구매 금액이 25만 원 내외이고, 나에게 주어지는 이익으로 하면 5만 원 정도가 된다.

3,000만 원짜리 차를 5대 파는 것과 같은 수입이고, 그렇게 팔기 힘들었던 종신보험 50만 원짜리를 여섯 건 판 수입보다도 더 크다. 과일이 차나 보험 상품과 다른 것은 회전이 빠르고 재구매가 이루어지는 기간이 현저히 짧다는 것을 사람들은 간과하는 것 같다. 과일 장사의 매력이 바로 여기에 있는 것이다.

내일이 걱정되어 한숨을 쉬고 있는 당신에게

당신이 취업이 안 되어 고민인 청년이거나 실직을 앞둔 명퇴 예정자이거나 아니면 재취업을 해야 하는 가장이거나 사업의 실패로 재기를 꿈꾸는 사업가일 수도 있겠지만, 그리고 꼭 과일 장사를 권하는 것도 아니지만, 꼭 하나 해주고 싶은 말은 있다. 도전해서 실패하는 두려움보다, 시도하지 않아 누리지 못한 기회에 대한 아쉬움보다 더 위험한 것은 할까 말까 고민하면서 흘려보내는 그 시간이다.

버려진 시간이 몇 백 배, 몇 천 배 소중하다. 고민하기보다는 행동해야 하고, 걱정하기보다는 방법을 찾아야 한다. 무엇을 할까가 아니라 어떻게 할까를 생각해야 한다. 내 인생에 왜 이런 어려움이 닥쳤는지를 한탄하지 말고, 지금 이 경험이 더 큰 나를 만들기 위한 밑거름이 되어줄 거라는 믿음을 간직해야 한다. 그래야 버틸 수 있고, 버티는 힘이 되어줄 것이다.

가난한 집에서 태어나 변변한 학벌도 없어 취업을 위해 이력서를 쓸 때면 고졸과 육군 만기 제대 두 줄이 끝이었다. 20~30대의 황금 같은 시간을 다 보내고 나서 40줄에 들어서야 과일 장사를 시작했지만, 죽자고 일을 했다. 새벽 빈속으로 나가서 과일을 먹고 또 먹고 속쓰린 배를 잡고 설사를 하면서 과일을 준비했다.

행여 장사꾼인 나를 믿고 과일도 보지 않고 주문해주시는 손님들에게 맛없는 과일이 가지나 않을까 노심초사하며 과일을 고를 때 신중에 신중을 다했고, 신선함이 떨어지는 과일이 배송될까 봐 걱정되어 새벽에 포장을 하면서도 확인하고 또 확인하고, 마지막으로 손님에게 과일을 건네드리기 전에 다시 한 번 과일의 컨디션을 체크하고 나서야 건네드렸다.

돈 200만 원으로 시작할 수도 있기에 무시당하기도 하고, 별다른 재주 없어도 할 수 있는 일이기에 누구에게 대접받을 만한 일도 못 되기는 하지만, 내가 장사하는 상권의 돌쟁이 아이들부터 초등학교에 들어간 아이들까지 그들의 비타민을 내가 책임졌다. 그들이 잘 자라기 위한 면역력을 높여주는 데 동네 의사보다 나의 역할이 더 컸다고 나름 자부한다.

그런 나를 누가 무시할 것인가? 그렇게 일하는 당신을 누가 함부로 대할 수 있단 말인가? 흘러가는 시간을 아까워하기 바란다. 그리고 뭐라도 시작하기를 바란다. 그게 과일 장사라면 그리고 그 도움을 나에게 받기를 바란다면 내가 가진 그 무엇이라도 다 알려주겠다. 그렇게 재기에 성공하는 당신의 모습을 보고 싶다. 함께 성장하고 싶다. 과일대통령의 상호를 지을 때 내 기억 속에 간직하고 있는 삼산약국의 약사님처럼 누군가의 기억 속에 존경과 감사의 기억으로 과일대통령 황의석 사장님으로 남았으면 좋겠다. 그런 사람들이 나 하나가 아닌 열 명이 되고, 백 명이 되고, 천 명이 되었으면 좋겠다.

"오늘 하루, 죽도록 최선을 다하자!"

북큐레이션 • 원하는 곳에서 꿈꾸고, 가슴 뛰는 삶을 살고픈 이들을 위한 책

《안녕하세요 과일대통령입니다》와 함께 읽으면 좋은 책. 언제나 자신의 고객에게 진심을 다할 때 진정한 성공의 주인공이 됩니다.

비즈니스를 좌우하는 진심의 기술

김정희 지음 | 14,500원

진심, 어디까지 해봤니?
마음을 얻는 진심 비즈니스의 첫걸음

베트남에서 열리는 준공식을 위해 125km 떨어진 곳에서 유람선을 가져오고, 화려하고도 예술적인 기공식을 기획해 모든 사람들의 마음을 사로잡고, 디즈니랜드에 한국관 설치를 위해 미국으로 곧장 날아갔다. 아무도 이렇게까지 하지 않는다. '진심'을 가지고 비즈니스를 대하는 사람만이 할 수 있는 일이다. 지속되는 불황과 넘쳐나는 광고로 사람들의 마음은 점점 닫혀간다. 그럴수록 이 책을 통해 사람의 마음을 만져 인간 본연의 가치를 잃지 않고 모든 상황을 타파하는 힘인 '진심'으로 무장하길 바란다.

어떻게 광고해야 팔리나요

김종섭 지음 | 16,000원

불황의 시대에 소비자의 마음을
확실하게 붙잡는 남다른 광고의 법칙

소비자들이 똑똑해졌다. 매일 마주하는 광고에 질려 빠르게 'Skip' 버튼을 누른다. SNS에 올라온 글 한두 줄만 읽어도 광고인지 아닌지 알아본다. 이제 일반적인 광고는 더 이상 통하지 않는다. 그럼에도 보는 사람들의 머릿속에 남아 사게 만드는 광고는 여전히 존재한다. 어떻게 광고하기에 사람들의 구매 욕구를 일으킬까? 신선한 발상으로 다양한 광고들을 만든 저자는 어떤 아이디어가 소비자의 마음을 움직이는지 다양한 사례를 들어 설명한다. 어려운 불황의 시기를 극복하고 싶다면 이 책에서 소개하는 '상품을 팔아주는 광고'를 시작해보자!

위치 하나로 월 매출 10배 차이 나는 상권의 정석

정양주 지음 | 16,000원

뜨는 가게와 망하는 가게는 이것이 다르다!
내게 맞는 대박 상권과 대박 입지 찾기

망하는 가게의 공통점은 무슨 업종을 어디서 해야 할지 상권분석을 제대로 하지 않았다는 것이다. 이 책은 18년 경력의 상권분석 전문가가 어떻게 하면 가게를 잘 운영할 수 있는지 상권을 분석하는 기초적인 방법부터 차근차근 알려준다. 다양한 사례를 통해 입지분석과 경쟁점 분석, 예상 매출액 분석 방법을 알 수 있다. 또한 업종별로 상권을 세분화해서 각 업종에 맞는 상권분석 주의점을 알려준다. 주먹구구식이 아닌 빅데이터를 통해 과학적으로 상권을 분석하는 방법을 소개해, 예비 창업자들이 어렵지 않게 상권분석을 하도록 돕는다.

체인저

정서영, 정형찬 지음 | 14,000원

전문화된 실력과 차별화된 서비스로
불황에도 매출 300% 올리는 노하우 공개

전문화된 관리 테크닉과 진심을 담은 고객 응대, 차별화된 기술과 서비스를 갖춘다면 지금보다 10배의 매출을 올리는 성장이 가능하다. 이 책은 피부관리사가 의사와 같은 전문적인 실력과 서비스 정신으로 무장하고 고객에게 다가설 것을 주문한다. 뛰어난 위기관리 능력을 바탕으로 기존 에스테틱 시장에 새로운 패러다임을 펼쳐놓은 두 저자가 제안하는 마케팅과 비즈니스 노하우는 매출 부진으로 위기에 놓인 경영자뿐만 아니라 불황의 시대를 살아가는 모든 이들에게 깊은 울림을 줄 것이다.